教育部人文社会科学项目（15XJCZH008）
内蒙古哲学社会科学规划项目（2015B068）
内蒙古旅游局项目（2015LYKT007）



# 内蒙古自治区旅游业发展研究

The Study on Development of Tourism in Inner Mongolia

王 珊　吕 君　哈斯巴根　党晓宏/著



经济管理出版社
ECONOMY & MANAGEMENT PUBLISHING HOUSE

**图书在版编目（CIP）数据**

内蒙古自治区旅游业发展研究/王珊等著．—北京：经济管理出版社，2015.12
ISBN 978－7－5096－4192－7

Ⅰ.①内…　Ⅱ.①王…　Ⅲ.①旅游业发展—研究—内蒙古　Ⅳ.①F592.726

中国版本图书馆CIP数据核字(2015)第304148号

组稿编辑：王光艳
责任编辑：赵晓静
责任印制：黄章平
责任校对：王淑卿

出版发行：经济管理出版社
（北京市海淀区北蜂窝8号中雅大厦A座11层　100038）
网　　址：www.E－mp.com.cn
电　　话：（010）51915602
印　　刷：北京九州迅驰传媒文化有限公司
经　　销：新华书店
开　　本：720mm×1000mm/16
印　　张：9.75
字　　数：186千字
版　　次：2017年3月第1版　　2017年3月第1次印刷
书　　号：ISBN 978－7－5096－4192－7
定　　价：58.00元

# 前　言

内蒙古自治区旅游业经过改革开放30多年来的发展，取得了令人瞩目的成绩，“草原文明摇篮，马背民族故乡”的旅游形象在国内外已有相当高的知名度。内蒙古旅游资源丰富、类型多样，草原风情、民族文化、北国风光、口岸边境等旅游资源独具特色，在全国具有明显的优势。特别是近十几年来，内蒙古自治区旅游业快速发展，旅游基础设施和旅游服务设施得到显著改善，目前已粗具产业规模，基本形成了以旅游中心城市为基础，以特色旅游产品为主导的良性互动发展格局，推出了草原、沙漠、森林、边境、民族风情、文化遗迹等独具特色的旅游项目，吸引了海内外大量游客，内蒙古自治区将逐渐成为中国21世纪生态旅游的重要基地。

本书梳理了内蒙古自治区旅游业的总体情况，并对各个旅游产业进行了整理和分析，全书共分八章：第一章对内蒙古自治区旅游业总体发展情况进行概述，介绍了内蒙古自治区旅游业的发展历程，分析了目前的发展现状，并且提出了相应对策。第二章从国内、国外和出境三个方面分析了内蒙古自治区的旅游市场。第三章介绍了内蒙古自治区的饭店产业和乡村旅游接待产业。第四章介绍了内蒙古自治区旅行社业的基本情况，通过分析其发展特征，预测未来发展趋势，并对其产生的问题进行了诊断。第五章介绍了内蒙古自治区旅游景区业的发展情况，通过分析发展现状总结出内蒙古自治区旅游景区的空间分布规律。第六章介绍了内蒙古自治区节庆旅游的发展历程、类型和分布规律，通过对其进行SWOT分析，给出了科学合理的发展对策。第七章针对目前内蒙古自治区旅游业发展中遇到的挑战，提出转型升级的必要性，通过分析内蒙古旅游产业转型升级的特征和趋势，找出可行途径，分析限制因素，定位目标，最终提出科学的对策选择。第八章对内蒙古自治区3个重点旅游企业进行案例分析。

本书在撰写过程中参考和引用了国内外有关书籍和文献，特此感谢。特别感谢内蒙古自治区旅游局的蔚治国主任、内蒙古响沙湾旅游有限公司的王文俊董事长、蒙牛集团旅游部的工作人员为本书提供的参考材料。感谢内蒙古财经大学在读硕士研究生马芳晨、李金锴在资料整理过程中所付出的辛勤劳动。本书承蒙经济管理出版社王光艳老师的大力支持，编辑人员为此付出了辛勤劳动，再次表示诚挚谢意。

由于著者学术水平有限，书中若有不足之处，肯请读者不吝赐教。

作者<br>2016 年 8 月

# 目　录

第一章

# 内蒙古自治区旅游业总体发展情况

## 第一节　内蒙古自治区旅游业发展历程

内蒙古自治区地处中国北部边疆，北部与俄罗斯、蒙古国接壤，东、南、西分别与黑、吉、辽、冀、晋、陕、陇、宁为邻，是中国古代北方游牧民族的发祥地之一，名胜古迹很多，旅游资源丰富，不仅具有独特的草原文化、浓郁的民俗风情、悠久的历史古迹、壮美的自然风光和边境口岸，还有草原、沙漠、森林、湖泊、湿地、温泉、口岸、冰雪等壮美的自然风光，打造出草原旅游、森林旅游、民俗旅游、避暑度假旅游、冰雪旅游、温泉疗养、自驾车旅游、摄影旅游、都市旅游、商务会展旅游、沙漠观光、民俗体验、康体养生、工农业旅游、红色旅游、航天旅游和休闲度假等旅游产品体系，发展旅游业有得天独厚的优势和条件。近年来，内蒙古自治区充分发挥政府旅游投资的作用，激活民营旅游投资，推进重点旅游项目建设。以建设体现草原文化、独具北疆特色的旅游观光、休闲度假基地为旅游发展目标，围绕旅游产业转型升级，提质增效这条主线和不断提高内蒙古自治区旅游影响力这个主题，突出“草原文化、北疆特色、休闲度假”三大主题，实施旅游“十大工程”，采取一系列有力措施，推动了内蒙古自治区旅游业的持续快速发展，走出了一条符合内蒙古自治区自身实际特色的旅游发展道路，成为我国北方重要的旅游区域。在“十二五”期间，内蒙古自治区旅游业发展明确规划了“四个旅游区域、八个核心旅游圈、十二条旅游环线、六十五个精品景区”的旅游目的地建设。集中抓好海拉尔—满洲里—阿尔山精品旅游线路建设，加快呼和浩特市、包头市、鄂尔多斯市都市旅游圈，海拉尔、满洲里、额尔古纳、阿尔山生态休闲旅游圈等重点旅游区域建设。

从新中国成立到改革开放前，内蒙古自治区的旅游业只是自治区外交事业的延伸和补充。从20世纪80年代初开始，内蒙古自治区的旅游业进入到新的历史发展时期。内蒙古自治区紧随我国旅游市场发展战略的变化，同样经历了从“大力发展入境旅游”到“大力发展入境旅游，积极发展国内旅游，适度发展出境旅游”，再到“大力发展国内旅游，积极发展入境旅游，有序发展出境旅游”的转变；产业定位经历了从事业型的“民间外交”到经济型的“创汇产业”，从国民经济“新的增长点”到打造成国民经济“战略性经济支柱产业”的转变。内蒙古自治区旅游业在经济、文化、社会建设以及国际交往中发挥了重要的积极作用，已经成为促进内蒙古自治区经济社会进步和推动我国旅游发展的强劲力量。

通过分析内蒙古自治区政府和社会对旅游业发展政策、投资规模、关注程度和国际、国内旅游发展统计数据等因素，可以将内蒙古自治区旅游业的发展历程，从改革开放初期开始，大致概括为三个阶段：

第一阶段——旅游业发展起步阶段（20世纪80年代初到90年代初）。随着改革开放政策的实施，旅游业的性质发生了根本性变化，由政府接待转变为创汇产业，内蒙古自治区发展旅游业的主要目的之一是补充短缺的外汇。从1986年开始，旅游业被我国政府正式纳入国民经济和社会发展计划中，政府主导与政策支持成为这一时期内蒙古自治区旅游业发展的基本特点，现代意义的旅游业从无到有，旅游产业规模开始扩大，从计划经济的单一接待行业转向市场经济的多元服务行业，旅游经营单位也逐渐改制，由事业单位转变为企业经营。

这一阶段内蒙古自治区的旅游业呈现出无意识接待的表现形式，分析原因，主要有以下几点：

第一，从客源主体来看，这一阶段的游客主要是因公来内蒙古自治区访问的国内外政务人员，来访的主要目的是政府公务，公务之余会安排一些参观游览的项目。因此，在这10多年间到内蒙古自治区旅游的游客并没有太高的增长，年接待人次数一直在1万~2万人次徘徊，旅游年收入也是在100万美元上下波动。截止到1990年，内蒙古自治区10年接待的海外游客总量只有13.74万人次，创汇925万美元。

第二，这一阶段的旅游接待服务均属于公务招待。这一阶段的内蒙古自治区没有专门设立旅游行业管理机构，外事部门负责接待外宾，也有部分外事接待委托给旅行社；内宾主要由对口单位接待，食宿安排在政府宾馆或者招待所。旅游景区景点的接待主要是在政府设立的接待点，一般分布在接待任务相对频繁的呼和浩特市和包头市周边。

第三，从旅游活动范围来看，因为公务访问和接待活动主要集中在内蒙古自治区的首府城市呼和浩特市，以及包头市、二连浩特市等少数几个中心城市和口岸城市，因此，旅游活动也主要集中在这几个区域。

第四，从旅游经营主体来看，旅游景区景点是为了满足政府的接待需要而设立的，而不是在市场驱动下建设和运营的，建设及经营的主体实际上就是政府。这一阶段运营的旅行社均为国营旅行社，如内蒙古中国国际旅行社、内蒙古中国旅行社和内蒙古中国青年旅行社，其主要承担政府接待任务和少量来自行政事业单位的旅游接待任务。

这一阶段内蒙古自治区接待的旅游者主要是政府接待的外访人员，旅游消费几乎都是政府支付，旅游收入几乎等同于政府用于该项接待的支出，旅游景区景点也主要是政府设立的接待点，运营方式基本上是国营。因此，可以说这一阶段的旅游是无意识的非市场化的旅游，基本上属于政府接待性质。

第二阶段——旅游业稳步发展阶段（20 世纪 90 年代初到 90 年代末）。内蒙古自治区旅游业发展由以入境旅游为主体向国内旅游、入境旅游和出境旅游三足鼎立的格局转变。国家 1994 年实行双休日制度以及 1999 年实行的黄金周休假制度，促进了国内旅游的快速发展。1998 年中央经济工作会议将旅游业确定为国民经济新的增长点，旅游业成为扩大内需的重要手段。这一阶段内蒙古自治区的旅行社业、饭店业和旅游定点经营场所呈现出规模化的快速发展，旅游业也实现了从分散的经济现象向系统的产业部门转变。

这一阶段随着内蒙古自治区与邻国俄罗斯和蒙古国双边关系的改善和沿边开放政策的实施，经国务院批准，在内蒙古自治区的对俄、对蒙口岸开办了中俄、中蒙边境贸易旅游，致使来自俄罗斯和蒙古国的旅游人数迅速增加，内蒙古自治区的国际旅游人数和创汇均成倍增长。接待海外游客的人数由 1990 年的 1. 23 万人次上升到 1999 年的 37. 15 万人次，翻了 30 倍，国际旅游创汇收入额也由 137 万美元上升到 12027 万美元。

在国际旅游大发展的同时，异军突起的国内旅游热潮也给内蒙古自治区的旅游业带来新的发展机遇。内蒙古自治区优美的自然风光、浓郁的民族风情吸引了大批来自全国各地的旅游者。接待国内游客的人数持续增加，从 1991 年的 140 万人次提高到 1999 年的 650 万人次，国内旅游收入也由 1. 2 亿元猛升到 12 亿元。旅游业对内蒙古自治区国民经济的贡献日益增加，内蒙古自治区的旅游业也随之进入了市场化的规模扩张稳定发展阶段（如表 1 –1 所示）。

在市场机制的驱动下，内蒙古自治区当地的社会力量开始关注并自发进入旅游业。截至 1999 年底，内蒙古自治区共有旅游企事业单位 300 多家，已经建成一定规模的旅游景区（点）38 处，旅游饭店 200 多家（其中星级饭店 56 家），旅行社 67 家，新开发旅游景区（点）近 100 多处，旅游汽车公司 9 家，拥有各类旅游汽车 120 多辆，旅游商品定点生产企业 6 家，旅游从业人员 3 万多人，持

表 1－1 内蒙古自治区 1991～1999 年旅游业增长情况

| 年份 | 海外旅游者人数（万人次） | 海外旅游创汇（万美元） | 国内旅游者人数（万人次） | 国内旅游收入（亿元） | 旅游业总收入（亿元） |
|---|---|---|---|---|---|
| 1991 | 6.11 | 1220 | 140 | 1.2 | 2.21 |
| 1992 | 10.13 | 2026 | 210 | 2.1 | 3.78 |
| 1993 | 18.87 | 3773 | 320 | 3 | 6.13 |
| 1994 | 31.65 | 8750 | 350 | 4.5 | 11.76 |
| 1995 | 30.09 | 9052 | 380 | 5.7 | 13.21 |
| 1996 | 31.48 | 9350 | 400 | 6 | 13.76 |
| 1997 | 34.84 | 10700 | 480 | 8 | 16.88 |
| 1998 | 36.89 | 12550 | 580 | 10 | 20.42 |
| 1999 | 37.15 | 12027 | 650 | 12 | 21.98 |

证导游人员 312 名，其主要分布在呼和浩特市、满洲里市、海拉尔区、包头市、东胜区、赤峰市等城市。

这一阶段内蒙古自治区形成了东西两条旅游线路：西部线路以呼和浩特市为中心，辐射包头市、乌兰察布市、鄂尔多斯市，以草原、沙漠、蒙古族风情为特点；东部线路以海拉尔区为中心，辐射呼伦贝尔市全境，以自然风光、鄂伦春、鄂温克、达斡尔民族风情、口岸风景为特色。

同时，这一阶段内蒙古自治区政府和各盟市政府开始重视旅游业的发展，并且认识到发展旅游业的意义。1992 年，内蒙古自治区政府在外事办下面设立旅游局；1995 年，内蒙古自治区旅游局作为独立的厅级机构成立。1998 年，内蒙古自治区首次将旅游业纳入全区国民经济计划中去，当年的旅游业总收入相当于第三产业增加值的5.5%，相当于全区 GDP 的1.71%，由此确立了旅游业的产业地位。

但是，这一阶段内蒙古自治区旅游业的发展还未达到规范化发展程度，仍处于市场化初期的粗放式发展。政府和社会各界虽已认识到旅游业是个发展潜力巨大的产业，但由于内蒙古自治区旅游业发展历史短，人们对于旅游业未来发展的认识不足、眼界不高，还没有摸清楚旅游市场和旅游发展的规律。因此，无论是在资源、产品、市场开发上，还是在对旅游与环境、速度与效益的认识上，还都处于自我发展的状态。

这一阶段内蒙古自治区的旅游资源开发还处于资源即产品、资源即市场，既无规划，又无论证的盲目开发阶段；旅游产品开发处于资源开发与模仿开发阶段，近距离重复开发现象严重，雷同产品大量涌现；旅游市场还属于卖方市场，以接待旅游和团队旅游为主，漫天撒网，等客上门；企业之间的竞争主要以价格竞争为主，削价竞争是其最主要的竞争手段；旅游环保意识淡漠，过度开发现象严重。

第三阶段——旅游业快速发展阶段（20 世纪 90 年代末至今）。2000 年全国旅游工作会议首次提出建设“世界旅游强国”的宏伟战略目标。这一阶段，内蒙古自治区旅游业告别了供给短缺的粗放式旅游，转成以拉动内需为主的消费型休闲旅游为主，进入到规范化的自觉发展阶段。

第一，内蒙古旅游业的发展开始步入了规范化的轨道。内蒙古自治区政府成立了全区旅游产业发展指导委员会，加强对全内蒙古自治区旅游工作的领导；拨专款委托中国科学院编制了《内蒙古自治区旅游业发展总体规划》，确立了内蒙古自治区旅游业发展目标、战略布局和发展重点；下发了《内蒙古自治区加快发展第三产业若干政策的规定》，制定了扶持旅游业发展的政策措施；内蒙古自治区人大常委会修改颁布了《内蒙古自治区旅游管理条例》，为依法治旅提供了有力的法规保障。2009 年内蒙古自治区政府出台《关于进一步加快旅游业发展的意见》，将旅游业定位为战略性支柱产业；2013 年将旅游业发展专项资金提高到 3 亿元，成立以政府分管领导为组长的旅游产业发展领导小组。2013 年的“8337”发展思路提出把内蒙古自治区建设成为体现草原文化、独具北疆特色的旅游观光、休闲度假基地，旅游基地作为内蒙古自治区经济社会发展的“五大基地”之一被明确提出来并强力推进，调动了各级地方党委政府和旅游系统的积极性，使内蒙古自治区旅游业发展定位跃上一个新台阶。2016 年内蒙古自治区政府又出台了《关于进一步促进旅游投资和消费加快旅游业改革的实施意见》；科学地制定了《内蒙古自治区旅游业发展第十三个五年规划》。旅游业“十三五”发展规划作为内蒙古自治区“十三五”时期旅游业发展的行动纲领，提出了更加系统完整的未来五年的旅游业发展思路和目标，表明内蒙古自治区旅游业的发展将进入一个科学化的和谐发展新阶段。“旅游发展，规划先行”已经得到内蒙古自治区各级政府和旅游企业的广泛认同，各地普遍加强旅游规划工作，形成了自上而下的旅游规划体系，为旅游业规范有序的健康发展奠定了基础。

第二，旅游精品战略得到有效实施，多元化的旅游产品体系基本确立。这一阶段内蒙古自治区大力推进旅游精品工程，加大旅游产品的开发，从东到西推出了各具特色的 4 条精品旅游线路和一大批农、牧、林家乐旅游项目，形成了层次清晰、内容丰富的旅游线路产品。初步形成了以精品旅游景区为龙头的独具特色的旅游产品群，如以成吉思汗陵旅游精品区为龙头的蒙古族历史文化旅游产品群；以格根塔拉草原旅游中心、呼和诺尔草原旅游中心为龙头的草原生态旅游产品群；以阿尔山—温泉度假旅游区为龙头的温泉、冰雪旅游产品群等。初步构建了呼伦贝尔—兴安盟草原、森林、冰雪生态旅游线路，锡林郭勒—克什克腾—喀喇沁草原风情、地质奇观旅游线路，呼和浩特—包头—乌兰察布—鄂尔多斯民族历史文化旅游线路，阿拉善大漠风情旅游线路等4条旅游精品线路。这些旅游精品线路的形成，为内蒙古自治区旅游从资源优势转化为产品优势，进而形成经济优势起到了推动作用。同时，工农业旅游、红色旅游等专项旅游产品也得到大力发展，内蒙古自治区现有国家级工农业旅游示范点29个，全国红色旅游经典景区3处。

第三，旅游业快速稳步增长，现代旅游产业体系初步形成。这一阶段国际旅游市场持续增长，接待人数连创新高，旅游收入不断增加。国际旅游市场在保持俄罗斯、蒙古边境客源稳定的同时，重点加大了对港澳台地区及东亚地区的市场开发。内蒙古自治区旅游行业深入贯彻落实自治区“8337”发展思路，全力打造“体现草原文化、独具北疆特色的旅游观光、休闲度假基地”。2015年，内蒙古自治区接待旅游者8542.61万人次，同比增长12.67%；国内旅游人数8381.83万人次，同比增长13.04%；实现旅游业总收入2257.1亿元，同比增长25.03%，国内旅游收入2193.77亿元，同比增长25.72%。旅游业对内蒙古自治区经济社会发展的支撑力明显增强，旅游收入对GDP的综合贡献率为11.8%，对第三产业的综合贡献率为31%，对社会消费品零售总额的综合贡献率为37%；旅游投资完成332亿元，同比增长29%。

旅游业在内蒙古自治区第三产业中的龙头地位得到确认，在产业结构调整中发挥越来越重要的作用。随着旅游产业规模不断扩大，现代旅游产业体系初步形成。截至2014年底，内蒙古自治区A级旅游景区总数为321个。其中，4A级以上景区达到80家；旅行社总数897家；星级饭店总数334家；旅游就业量持续稳步增长，直接就业人数达到26.08万人，主要来自旅馆业、星级饭店、旅游景区、旅行社等支柱企业；旅游带动间接从业人数达到130.4万人，主要带动乡村旅游、商品生产销售、旅游汽车租赁运输、旅游餐饮服务、旅游信息咨询、旅游装备制造、旅游电子商务及物流等各行各业，分别占全社会和第三产业就业的10.52%和26.54%，旅游经济活力明显增强。旅游业作为内蒙古自治区国民经济的战略性支柱产业和新的经济增长点，正在发挥越来越重要的支撑作用，对于国民经济的贡献进一步提升，成为带动服务业发展的重要组成部分，是促进内蒙古自治区经济保持稳定发展的战略性支柱产业。

第四，多元化、多渠道旅游投融资体系初步形成，旅游业各种所有制经济迅速增长。各级旅游投资力度不断加大，进一步改善了重点旅游区域的基础设施。

总结内蒙古自治区旅游业发展的历程可以看出，改革开放30多年来，内蒙古自治区旅游业之所以能发展壮大，并逐步成为内蒙古自治区国民经济新的增长点，主要得益于国家的改革开放政策，得益于坚持走立足本地资源的特色发展之路，得益于政府的高度重视和企业的强力推动，得益于旅游业被作为大产业来发展。

## 第二节　内蒙古自治区旅游业发展的现状分析

总结与回顾内蒙古自治区旅游业改革开放30多年的发展历程，可以看到，内蒙古自治区旅游业取得了骄人的成绩、积累了丰富的经验，但在发展过程中也存在着一些问题和薄弱环节。

内蒙古自治区旅游业发展已经初步走上规范化的自觉发展道路，呈现出方兴未艾的发展局面，并以迅猛的发展速度拉动经济发展，成为新的增长点和突破点。但是，内蒙古自治区旅游业发展对国民经济发展的贡献还未达到预期的目标，在旅游发展的观念层次、基础建设、投融资渠道、产业化水平、战略实施上等诸多方面与旅游发达省（区）还是有相当大的差距。造成这些差距的原因是多方面的，具体分析主要有以下几个方面。

### 一、发展理念相对缓慢，观念更新滞后

从旅游的发展战略上考虑，内蒙古自治区旅游业发展一直没有打破行政区域的局限，没有从全国旅游大格局中去思考内蒙古自治区旅游业的发展；从市场开发的角度来看，旅游资源导向性明显，过分依赖本地资源，对市场需求的变化预期不足，不能及时推陈出新，难以引领市场。

### 二、缺乏一流的精品景区

目前，内蒙古自治区缺乏具有一流开发水准、一流服务设施、一流管理水平，并且能够跻身全国前列的大型的、规模化的、能延长旅游者停留时间的拳头度假旅游产品和专项旅游产品。同时，现有的一些度假旅游产品和专项旅游产品层次较低，尚未达到相关产品的标准，对游客构不成足够的吸引力。

## 三、旅游企业规模小，缺乏龙头企业

目前，内蒙古自治区已经形成了一批符合市场需求，经营效益较好的旅游景区、旅游饭店和旅行社等旅游企业，但总体来看这些旅游企业规模小、经营业务单一，还没有形成能够带动全自治区旅游行业发展的龙头企业。

## 四、旅游交通“瓶颈”和旅游淡旺季问题比较突出

近十几年来，内蒙古自治区为了增加旅游景区的可进入性，增加了对旅游交通的投入，但是，一些主要旅游城市的交通问题还是比较突出。具体表现：旅游旺季航线和航班偏少，铁路客运铺位紧张，旅游城市到景区景点的距离较长，而道路等级又较低，公共交通系统不发达，线路少，运输工具落后。同时，由于气候原因导致的旅游淡旺季明显，也是一直以来困扰内蒙古自治区旅游业发展的问题之一。

## 五、旅游资源与环境保护形势依然严峻

草原、沙漠、湖泊、湿地的自然环境相当脆弱，内蒙古自治区有相当一部分热点旅游景区污染严重。主要表现为水体污染、土壤污染、植被破坏严重、空气质量下降等，如希拉穆仁草原、辉腾锡勒草原、格根塔拉草原等距离呼和浩特市较近的开发较早的草原旅游景区，由于过度旅游活动，再加上气候变化，连续多年干旱少雨，已经出现严重的草场退化、动植物多样性减少等生态环境问题。另外，由于不规范开发和盲目进行旅游设施建设，使一些自然保护区的核心区和缓冲区的原有生态环境受到破坏，出现不同程度的退化。

## 六、旅游基础设施建设相对滞后，投融资渠道单一，资金量有限

内蒙古自治区东西狭长，经度跨度大，旅游资源的分布比较分散。许多旅游景区的道路、管网、电网、通信等基础设施相对落后，需要重新修建，所需资金投入极大。基础设施不完善，开发成本过高，再加上旅游季节性强等因素影响，导致内蒙古自治区旅游业吸引外资能力不强。

### 七、旅游宣传促销力度不够，没有形成整合营销的大格局

内蒙古自治区的草原风光、民族风情虽在国内外具有一定知名度，但总体来看，将内蒙古自治区众多的旅游项目作为一个整体来进行宣传、促销的营销模式还没有形成。近几年来，内蒙古自治区政府明显加大了对旅游业的宣传营销力度，但是，与旅游业发达的省区相比，差距还是比较大的。

## 第三节　内蒙古自治区旅游业发展的对策分析

### 一、突出特色，发挥优势

内蒙古自治区旅游资源具有景观多样性、不可替代性、原始神秘性等诸多特色，围绕自身得天独厚的特色做文章，重点打好“民族文化牌”“休闲度假牌”和“生态旅游牌”。充分利用民族文化旅游资源；夏季草原、冬季冰雪、长年温泉的度假旅游资源；草原、森林、湖泊、湿地、沙漠、地质奇观等生态旅游资源，打造具有一流开发水准、一流服务设施、一流管理水平的能够跻身全国前列的精品景区。同时，打破季节性单一的魔咒，大力发展冰雪旅游。内蒙古自治区冬季冰雪期长，未来发展中应挑选环境优美、具备发展冬季旅游条件和优势的地方，重点开发冬季冰雪等旅游项目，局部改变内蒙古自治区旅游夏旺冬淡的状况。

### 二、夯实基础，深化改革

内蒙古自治区应坚持政府主导、市场化运作的原则，多渠道争取资金，有重点、分步骤地加快实施旅游基础设施建设工程的投入，从而全面提升设施配套水平和服务接待能力。通过加大区域公路连接和景区公路的建设力度，加快旅游中心城市的机场建设，形成便捷、畅通的旅游通道。同时，完善旅游景区包括道路、游客服务中心、停车场、标识标牌等在内的配套设施建设，完善城市公园、城市绿道、休闲步道旅游服务功能，扩大厕所革命建设范围，全面加强旅游公共

服务设施建设，使其达到休闲度假的水准。

内蒙古自治区应深化改革，培育旅游龙头企业，通过联合、兼并、收购或股份制改造等多种形式，组建跨地区、跨行业、跨所有制的旅游龙头企业，实现规模化、集约化、多元化经营。

## 三、拓宽渠道，创新机制

内蒙古自治区应加大各级财政对旅游业发展的支持力度，积极推动多元化融资，其中内蒙古自治区预算内旅游基本建设资金要按比例逐年递增，各盟市也要在本级财政预算中安排一定资金用于旅游基础设施建设、旅游规划和旅游宣传促销。同时，引导信贷资金更多地投向旅游产业，不断创新投融资模式，引导区内外金融机构加大对旅游业重点项目的信贷投入。另外，还要拓宽融资渠道，吸引外资和民间资本进入旅游业，实现投资主体多元化。

内蒙古自治区要全面加强区域旅游合作，充分发挥地跨“三北”、毗邻八省区的优势，加强与区外的旅游合作，建立无障碍旅游区，使区域旅游要素实现最大限度的优化配置。同时，政府、企业、科研机构、民间团体等要加强交流与合作，推进旅游信息化、人才和统计调研等工作，全面推进旅游业供给侧结构性改革，实现南北、东西互动，提升旅游业的整体竞争力。大力推进“旅游+”，开展生态、研学、绿色、人文、康养休闲示范基地创建，大力推进红色旅游和自驾车旅游发展，全面推进旅游业态创新与拓展。

## 四、加强促销，合理开发

内蒙古自治区要大力开拓国际旅游市场，抓住国际旅游热点逐步向亚洲特别是中国转移的有利时机，积极参与国家在世界各主要客源国举办的文化活动、旅游促销与展览活动，广泛宣传自治区丰富独特的旅游资源和旅游产品，加强品牌创建和个性化产品的提供，吸引更多的入境游客。实施立体化、全方位、精准化线上线下营销，专项推进冬季和境外营销，大力推广“内蒙古博乐歌”旅游商品品牌，开展“乡村旅游后备厢工程”，全面释放旅游消费潜力。在毗邻八省区边界、城市周边、景区周边、精品线路沿线和少数民族聚居村落布局特色乡村旅游区，加强培训、营销和典型示范，积极开展旅游扶贫，全面推进旅游富民工程。推进中俄蒙三国五地旅游联席会议和“万里茶道”国际旅游联盟，主动融入京津冀协同发展战略，以产品为纽带，加强省际、盟市间统筹互动，全面深化国际、国内旅游合作。

内蒙古自治区应加强旅游生态保护建设，在旅游规划和开发建设中，要以实现自治区旅游业的可持续发展为目标，完善法规、规划、标准体系，积极采取法律、行政和经济等手段，加强对旅游区的生态管理。坚持开发与保护并重、保护优先的原则，努力实现旅游经济与环境保护的协调发展。

# 第二章 内蒙古自治区旅游市场研究

## 第一节 内蒙古自治区国内旅游市场

随着居民收入水平的不断提高与旅游意识的增强，内蒙古自治区国内旅游持续快速发展，国内旅游的市场主体地位更加凸显，市场规模持续增长，人均消费稳步增长，市场结构逐渐优化。2014 年，国内旅游人数达 7414 万人次，同比增长 12.13%；国内旅游收入 1744 亿元，同比增长 29.86%，国内旅游人数和收入又创历史新高，国内旅游市场需求进一步增加，在短线游、团队游、自助游、自驾游、乡村游、民俗游即节庆活动等共同促进下，总体保持健康、快速的发展格局。

### 一、国内旅游市场规模

自 1992 年以来，内蒙古自治区国内旅游人数及收入均呈现加速增长的趋势。2003 年由于“非典”的影响，国内旅游人数呈负增长，但其国内旅游收入仍呈增长态势，只是增长速度较以前缓慢，2004 年以后，国内旅游市场开始飞速发展（见图 2－1）。

从内蒙古自治区国内旅游的增长率来看，国内旅游收入的增长率总体高于国内旅游人次数的增长率（见图 2－2）。

2010～2014 年，内蒙古自治区国内旅游人数继续稳步增长。但从国内旅游人数与国内旅游收入两个指标来看，内蒙古自治区占全国比重仍然较低，而且在国家西部大开发政策措施范围的 12 个西部民族地区中，国内旅游接待人数排名第八，旅游收入排名第七，总体排名也相对靠后（见表 2－1）。

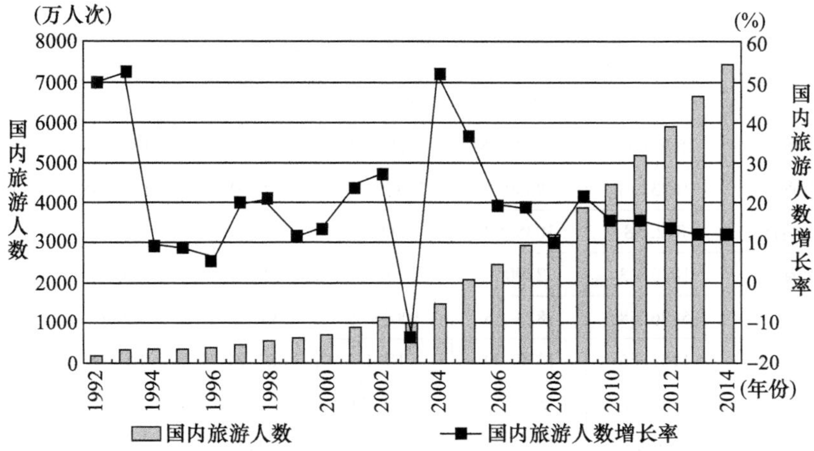


图 2－1　内蒙古自治区国内旅游人数及增长率（1992～2014 年）

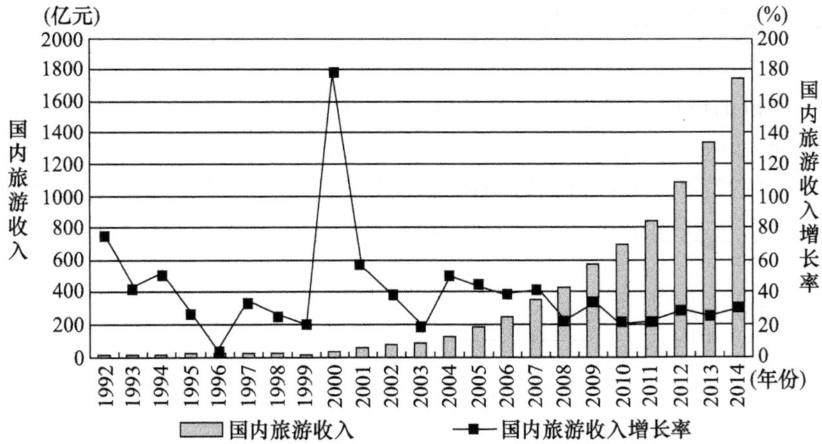


图 2－2　内蒙古自治区国内旅游收入及增长率（1992～2014 年）

表 2－1　西部民族地区 12 个省、市、自治区国内旅游接待比较

| 地区 | 国内旅游人数（万人次） | | | 国内旅游收入（亿元） | | |
|---|---|---|---|---|---|---|
| | 2011 年 | 2012 年 | 2013 年 | 2011 年 | 2012 年 | 2013 年 |
| 内蒙古自治区 | 5177. 59 | 5887. 31 | 6612. 76 | 847. 28 | 1080. 68 | 1343. 73 |
| 广西壮族自治区 | 17300 | 20780 | 24300 | 1209. 46 | 1577. 69 | 1961. 32 |
| 四川省 | 35000 | 43500 | 48700 | 2410. 57 | 3229. 83 | 3830. 04 |
| 重庆市 | 22019. 93 | 28806. 06 | 30597. 4 | 1202. 76 | 1576. 67 | 1770. 19 |

续表

| 地区 | 国内旅游人数（万人次） | | | 国内旅游收入（亿元） | | |
|---|---|---|---|---|---|---|
| | 2011 年 | 2012 年 | 2013 年 | 2011 年 | 2012 年 | 2013 年 |
| 贵州省 | 16960.85 | 21330.68 | 26683.58 | 1420.7 | 1849.49 | 2358.18 |
| 云南省 | 16331.8 | 19630.3 | 23972.35 | 1300 | 1579.48 | 1961.55 |
| 西藏自治区 | 842.68 | 1038.89 | 1268.7 | 88.63 | 119.8 | 157.26 |
| 陕西省 | 18135.3 | 22900 | 28161.34 | 1240 | 1609 | 2031.1 |
| 甘肃省 | 5826.48 | 7824.26 | 10068.4 | 332.57 | 469.65 | 618.9 |
| 宁夏回族自治区 | 1167.66 | 1338.99 | 1534 | 83.81 | 103.05 | 127 |
| 青海省 | 1407.2 | 1581.48 | 1775.78 | 92.3 | 123.75 | 157.34 |
| 新疆维吾尔自治区 | 3829 | 4710.84 | 5048.86 | 411 | 541.75 | 637.38 |

## 二、国内旅游人均消费及平均停留天数

内蒙古自治区国内旅游人均消费自 1992 年以来一直走势平稳，只有 1993 年有小幅下降，2000 年人均消费突破 200 元大关，之后增长幅度加大，呈现稳步增长的态势。1992 年内蒙古自治区国内旅游人均消费仅为 100 元，经过 22 年的增长，2014 年已经达到 740 元，是 1992 年的 7.4 倍（见图 2－3）。

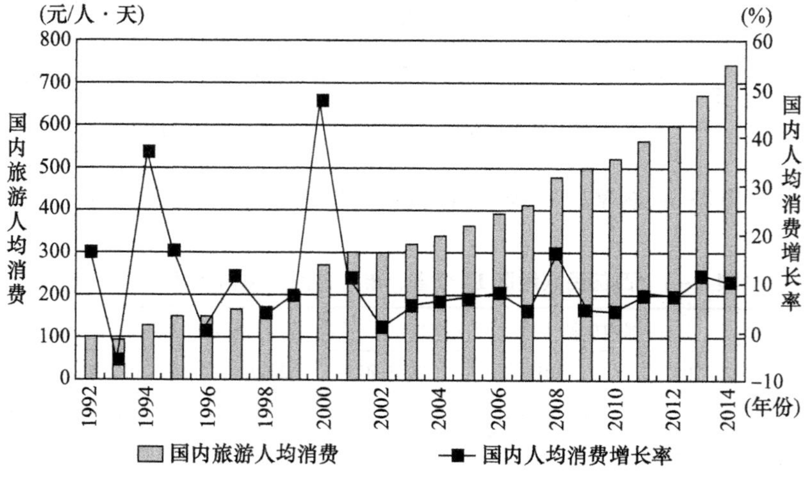


**图 2－3　内蒙古自治区国内旅游市场人均旅游消费及增长率（1992～2014 年）**

内蒙古自治区国内旅游的游客平均停留天数变化不大，除2001年为1.9天、2014年为3.2天之外，其他年份均在2天以上3天以下（见表2－2）。

**表2－2 内蒙古自治区国内旅游平均停留天数（2000～2014年）**

| 年份 | 国内旅客平均停留天数（天） |
|---|---|
| 2000 | 2.1 |
| 2001 | 1.9 |
| 2002 | 2.1 |
| 2003 | 2.4 |
| 2004 | 2.4 |
| 2005 | 2.4 |
| 2006 | 2.4 |
| 2007 | 2.7 |
| 2008 | 2.8 |
| 2009 | 2.82 |
| 2010 | 2.82 |
| 2011 | 2.83 |
| 2012 | 2.9 |
| 2013 | 2.96 |
| 2014 | 3.2 |

## 三、国内旅游市场结构

### （一）地区构成

内蒙古自治区国内旅游客源市场表现为“三多”，即本地客源多、邻近省市自治区客源多、经济发达地区多。来自内蒙古自治区区内的游客所占比重最大；邻近省市中北京市、河北省、天津市、东北三省、山西省等地区的游客所占比重较高；经济发达地区的游客所占比重较高，其主要来自以北京市为中心的京津冀经济圈、以广东省为中心的珠江三角洲地区和以上海市为中心的长江三角洲地区。

通过对近几年国内旅游市场抽样调查问卷进行统计分析，可以看出，内蒙古自治区区内游客所占比重最高，可以达到国内游客总数的1/3；在区外游客中，北京市、河北省、天津市、山西省、辽宁省、黑龙江省、吉林省等邻近省、市、自治区的游客所占比重在50%以上；山东省、上海市、广东省、浙江省、江苏省、福建省等经济发达地区游客的占比次之；湖北省、湖南省、海南省、贵州省、新疆维吾尔自治区、西藏自治区等省（区、市）的游客占比较低，都不足1%。其中，内蒙古自治区本区游客的比重呈逐年上涨的趋势。在前15位的省、市自治区中，除京津冀地区、珠江三角洲和长江三角洲等经济发达地区外，比重较高地区的游客基本上都来自于内蒙古自治区邻近的周边地区，与内蒙古自治区相距较远的省、市、自治区游客所占比重非常小，实际分布情况与前面分析的“三多”基本符合。

从旅游花费构成来看，内蒙古自治区区内的游客人均天花费较低，为603.75元，其中，在住宿（占比20.83%）、餐饮（占比22.17%）和购物（25.58%）上的花费最多，合计达68.58%；北京市、河北省、天津市、山西省、辽宁省、黑龙江省、吉林省等邻近省、市、自治区游客的人均天花费在750～800元，花费构成也主要集中在住宿、餐饮和购物上，三项合计均在60%以上；山东省、上海市、广东省、浙江省、江苏省、福建省等经济发达地区游客人均天花费明显增加，广东省和上海市均在1100元以上，其中往来交通费用增加，所占花费比例最大，其次是住宿、餐饮和购物，这三项花费均在总花费的50%以上。

### （二）出游方式构成

随着社会经济的发展和居民生活水平的提高，拥有私家车的家庭越来越多，人们的旅游观念和出游方式也在发生改变。通过对内蒙古自治区游客抽样调查问卷进行统计分析，可以得出，来内蒙古自治区旅游的国内游客中自驾游和以其他方式出游的游客比例逐年增加，单位组织和参加旅行团的比例在逐年减少，其中，距离内蒙古自治区越近，自驾游的游客比例越高。总的来说，内蒙古自治区国内游客的旅游方式是以非旅行社组团为主。

从旅游花费情况来看，旅行社组织出游的游客人均天花费最多，达802.43元，花费中交通（占比19.98%）、住宿（占比17.98%）、餐饮（占比15.73%）和购物（占比20.44%）最多，四项之和达74.13%；单位组织次之，自驾游人均天花费最少，只有616.22元，比旅行社组织出游少将近200元，其中交通花费只占2.16%，住宿、餐饮和购物所占比例均高于旅行社组织出游，花费也主要集中在这三项，三项之和达68.92%。自驾游出行时间自由，价格又相对较低，因此发展潜力很大。

### （三）出游目的构成

国内游客的出游目的以观光游览和休闲度假的比例最大，分别为43.50%和34.31%，这两部分合计占77.81%，这说明内蒙古自治区目前的国内旅游市场开发仍以大众型观光旅游产品为主。另外，探亲访友、商务、会议也有一定比重，而文化体育科技交流和宗教朝拜的比例较少。

从旅游花费情况来看，会议和商务旅游者人均花费最高，达797.17元和

796.45 元，其花费中交通所占费用较高，将近 20%，其余花费主要集中在住宿、餐饮和购物上；休闲度假和观光游览次之，为 715.50 元和 718.68 元，其交通花费在 10%左右，主要花费还是在住宿、餐饮和购物上；探亲访友、文体科技交流、宗教朝拜等人均花费均不足 700 元，相对较低，其主要花费也是集中在住宿、餐饮和购物上。

（四）年龄构成

内蒙古自治区国内游客年龄构成以中青年为主，25～44 岁的游客为内蒙古自治区客源结构的主体，占游客总量的 62.20%；其次是 45～64 岁的游客，占游客总量的 24.76%；再次是 15～24 岁的游客，占游客总量的 11.08%；比例最小的是 65 岁以上和 14 岁以下的游客，两个年龄段的游客合计比重为 1.96%。我国已经进入老龄化时代，老年人的旅游市场前景看好，但从内蒙古自治区目前的国内客源市场的年龄分布来看，老年游客所占市场份额太小。

从旅游花费情况来看，65 岁以上老人人均天花费最高，达 787.47 元，随着年龄段下降呈依次减少的趋势，其花费构成不同年龄段相差不大，主要花费都集中在住宿、餐饮和购物上。

（五）居民类型构成

到内蒙古自治区旅游的国内游客中城镇居民旅游人次数明显大于农村居民旅游人次数，其所占比重达到 85%以上，而且，来自城镇的游客也创造了内蒙古自治区大部分的旅游收入。

（六）游客职业构成

从游客职业来看，到内蒙古自治区旅游的国内游客以服务销售人员、公务员、企事业管理人员、工人、专业文教科研人员和学生所占比重较大，这主要原因是商务人员、政府工作人员、专业技术人员流动性大，旅游机会较多，教师和学生每年有固定寒暑假，出游机会也较多。农民和军人由于经济和职业等因素，出游机会较少，所占比重分别只有 2.51%和 1.18%。

从旅游花费情况来看，军人的人均每天花费最高，达 937.72 元，其次是企事业管理人员和专业文教科研人员，均在 800 元以上，服务销售人员和离退休人员的消费在 700～800 元，公务员、学生、工人和农民的人均天花费都低于 700 元，其中，农民的花费最少，为 592.32 元。职业不同但花费构成相差不大，主要花费都集中在住宿、餐饮和购物上。

（七）游客文化程度构成

在到内蒙古自治区旅游的国内游客中，文化程度以大专以上比例最高，占 61.55%，高于全国平均水平（53.5%）。累计高中以上比例达到了 90.1%，也比全国 60%高出许多。由此看出，内蒙古自治区国内旅游市场具有极强的对文化程度的“选择性”，内蒙古自治区国内旅游市场是一个高文化程度构成的市场（见表2－3）。

**表2－3 内蒙古自治区国内游客文化程度比重与全国对比**

单位:%

<table>
<tr><th>文化程度</th><th>初中及以下</th><th>高中</th><th>中技中专</th><th>大专</th><th>大学本科</th><th>研究生及以上</th></tr>
<tr><td>内蒙古自治区</td><td>9.9</td><td>15.55</td><td>13.00</td><td>32.25</td><td>24.69</td><td>4.61</td></tr>
<tr><td>国内城镇游客</td><td>20.6</td><td colspan="2">19.4</td><td colspan="2">53.5</td><td>6.5</td></tr>
<tr><td>国内农村游客</td><td>17.9</td><td colspan="2">29.3</td><td colspan="2">28.4</td><td>24.4</td></tr>
</table>

（八）旅游信息渠道构成

随着信息技术的进步和信息网络化的发展，国内游客在旅游前获取旅游信息的渠道也越来越多样。通过对内蒙古自治区国内游客信息来源的统计，可以看出，通过亲朋好友介绍的比重最高，达36.47%，其次为广告宣传（占比23.20%）和互联网宣传（占比20.95%），媒体传播和旅行社推荐比例相对较低，均不足20%。由此可以反映出，内蒙古自治区利用大众性信息传播渠道进行旅游宣传促销的力度还是不够。

（九）国内游客兴趣度构成

到内蒙古自治区旅游的国内游客中以观光游览和休闲度假为目的的接近80%，大部分游客想要领略内蒙古自治区典型的草原风光、沙漠景观，其次是民风民俗和历史文化等。但是，对旅游结束的游客进行调查，却发现最吸引国内游客的不是草原风光，而是民风民俗。由此可见，草原旅游资源的开发应与民族风情旅游资源紧密结合，才能使内蒙古自治区的旅游产品焕发活力和生机。

通过对内蒙古自治区国内游客感兴趣的旅游活动进行分析，可以看出内蒙古自治区的民族风情类项目最吸引游客，占比20.95%，民族歌舞（占比16.58%）和民族礼仪（占比14.91%）类活动项目分居第二位、第三位。而冰雪沙漠探险等特种旅游项目和民族体育竞技等旅游项目感兴趣度不超过10%。由此可见，传统民俗旅游产品开发已经得到普遍认可，其他旅游产品的开发还应加大力度。

通过对内蒙古自治区国内游客感兴趣的旅游商品进行分析，可以看出内蒙古自治区的民族食品、民族服饰和民族工艺品最吸引游客，超过六成的游客会选择购买此类商品，其中，对特色民族食品感兴趣的游客占比最高，为25.03%，对民族服饰感兴趣的游客占比为18.31%，对民族工艺品感兴趣的游客占比为17.52%。由此可见，具有独特的文化性、观赏性、装饰性的旅游商品及地方性特色食品是内蒙古自治区购物消费的热点，应保持其热度并加大对其他商品的设计开发力度。

（十）各盟市接待国内游客构成

从2014年内蒙古自治区12个盟市接待国内旅游者人数的情况来看，呼和浩特市、呼伦贝尔市和锡林郭勒盟位居前三位，包头市、鄂尔多斯市和赤峰市紧随其后，其余6个盟市接待国内游客数量相对较少且与前6个盟市相比相差比较大。从12个盟市国内旅游收入情况来看，排名前6位的盟市没变，只是包头市与锡林郭勒盟位序颠倒了，包头市排名第三，锡林郭勒盟排名第四，如图2－4和图2－5所示。

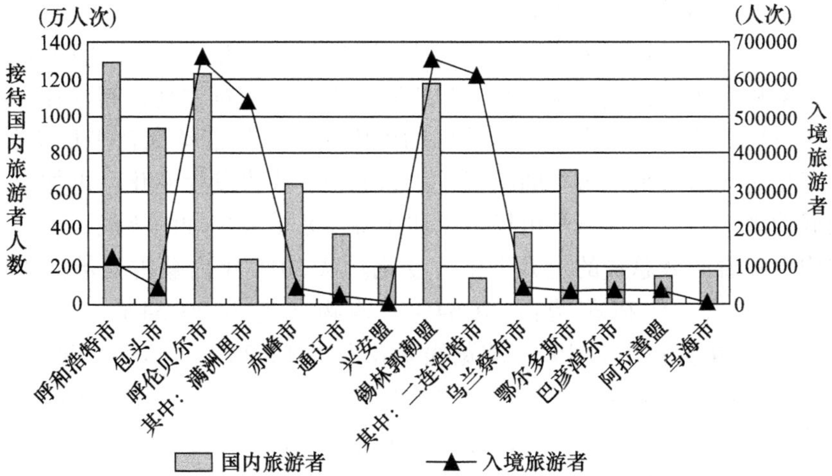


**图2－4　内蒙古自治区各盟市接待国内旅游者人数（2014年）**

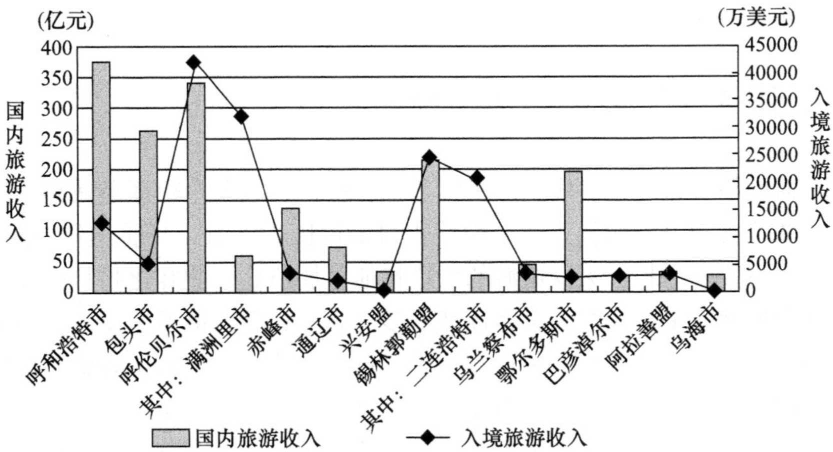


**图2－5　内蒙古自治区各盟市国内旅游收入（2014年）**

## 四、国内旅游市场特征

内蒙古自治区国内旅游市场发展的基本特征表现为季节性强、基数较小、增长稳定、消费偏低、变化加快。内蒙古自治区国内旅游受气候影响较大，表现为很强的季节性，旅游旺季较短，主要集中在7月、8月、9月3个月，其客流量占全年总量的50%以上，部分地区在气候较好的年份，6月和10月的接待游客量会增加，形成旅游小旺季，其他月份的接待量相对较少，是内蒙古自治区的旅游淡季。与全国其他省市、自治区相比较，国家法定假期间形成的“旅游黄金周”带给内蒙古自治区的旅游商机并不特别明显。对于只有2470多万人口的少数民族自治区说，尽管国内旅游规模在全国31个省、市、自治区中排名比较靠后，出游率相对较低，但是旅游收入与旅游人次之比相对较高，而且在全国旅游业中低速发展的背景下，内蒙古自治区的国内旅游依然能够保持平稳增长态势。随着散客化时代的到来，游客的出行方式和消费模式将发生变化，再加上人均消费量偏低的现实约束，这就给市场组织和接待体系带来严峻的挑战。另外，市场需求结构也随着游客总量的上升发生着变化。从2014年内蒙古自治区国内游客的消费结构来看，住宿花费占20.64%、购物花费占20.54%、餐饮花费占18.89%、交通花费占17.84%、游览娱乐花费占12.22%。其中，购物、娱乐、游览等旅游消费比重呈现增长趋势，旅游对消费的综合拉动作用开始凸显。虽然目前旅游是市场中的消费主流还是经济型旅游产品，但是品质游的市场需求呈现上升态势。内蒙古自治区国内游客游览对象主要集中在经济较发达的“呼包鄂”经济圈和草原旅游产品开发最具代表性的两个盟市，其他盟市所占旅游市场份额偏少，差距比较明显。

## 五、国内旅游发展趋势与预测

在交通网络快速全面发展、居民收入稳定提升、城乡差距逐渐减小、人们生活观念改变等有利因素的促进下，内蒙古自治区国内旅游市场将继续快速发展，消费规模也将快速增长，大众旅游的阶段特征更加凸显。散客化趋势明显，自驾游、自助游增多，来自农村的游客逐渐增多，旅游新需求将不断涌现。内蒙古自治区内的近郊游将大幅增长，邻近省、市、自治区的家庭周末度假旅游也将大幅增加。同时，文化性、参与性、体验性强的旅游活动项目的吸引力将加大。另外，新兴旅游市场、专项旅游市场、特殊旅游市场和高端旅游市场也将有更大更好的发展空间。

# 第二节 内蒙古自治区入境旅游市场

改革开放30多年来的发展，内蒙古自治区入境旅游已经进入常态增长轨迹。2014年内蒙古自治区入境旅游人数达到167.12万人次，同比增长3.4%；旅游外汇收入达到10.03亿美元，同比增长4.2%。

## 一、入境旅游市场规模

自1979年以来，内蒙古自治区入境旅游人数及收入均呈现小幅波动但持续增长的趋势。1989年、2003年和2009年受政治风波、"非典"和全球金融危机的影响，入境旅游人数及收入均呈负增长。1991年，内蒙古自治区入境旅游出现井喷式增长，其中，入境旅游人数和旅游收入分别是上一年的4.97倍和8.91倍。1991年以后，内蒙古自治区入境旅游人数除1995年、2003年和2009年出现小幅下降外，其他年份呈现大幅度上升的态势；而入境旅游创汇只有2003年和2009年出现小幅下滑，其他年份呈现稳步上升的态势（见图2-6）。

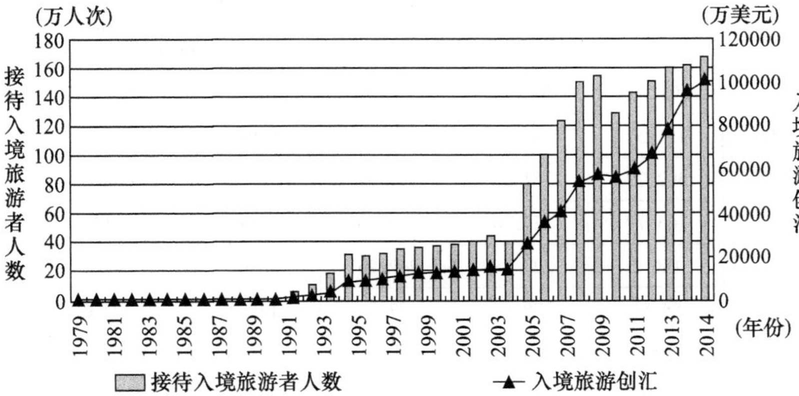


**图2-6 内蒙古自治区入境旅游者人数及创汇情况（1979~2014年）**

从内蒙古自治区入境旅游的增长率来看，入境旅游创收的增长率总体高于入境旅游人次数的增长率（见图2-7）。

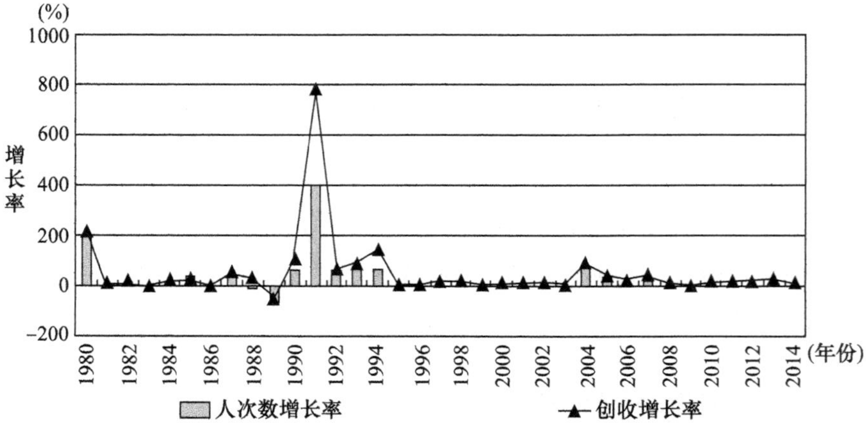


**图 2-7 内蒙古自治区入境旅游人次数增长率、入境旅游创收增长率情况（1980~2014 年）**

2010~2014 年，内蒙古自治区入境旅游人数没有受到全国入境人数增长呈现下滑趋势的影响，继续稳步增长。从入境旅游人数与入境旅游创汇两个指标来看，内蒙古自治区在国家西部大开发政策措施范围的 12 个西部民族地区中，入境旅游接待人数排名第五，旅游创汇排名第四，总体排名比较靠前（见表 2-4）。

**表 2-4 西部民族地区 12 个省（市、自治区）入境旅游接待比较**

| 地区 | 入境旅游人数（万人次） | | | 入境旅游创汇（万美元） | | |
|---|---|---|---|---|---|---|
| | 2011 年 | 2012 年 | 2013 年 | 2011 年 | 2012 年 | 2013 年 |
| 内蒙古自治区 | 151.52 | 159.17 | 161.61 | 67097 | 77196 | 96229 |
| 广西壮族自治区 | 302.79 | 351.48 | 391.54 | 105188 | 127887 | 154730 |
| 四川省 | 163.79 | 227.34 | 209.56 | 63089 | 79815 | 76476 |
| 重庆市 | 186.4 | 224.28 | 242.26 | 96806 | 116832 | 126831 |
| 贵州省 | 58.51 | 70.5 | 77.7 | 13507 | 16893.6 | 20143.41 |
| 云南省 | 763.7 | 886.4 | 1043.37 | 160861 | 194708 | 241818 |
| 西藏自治区 | 27.08 | 19.49 | 22.32 | 12963 | 10570 | 12786 |
| 陕西省 | 270.4 | 335 | 352.66 | 129505 | 159749 | 167619 |
| 甘肃省 | 9.11 | 10.203 | 9.8 | 1739.77 | 2235 | 2039 |
| 宁夏回族自治区 | 1.95 | 1.899 | 2.54 | 619.57 | 545.1 | 1208 |
| 青海省 | 5.1 | 4.73 | 4.65 | 2658.5 | 2432.44 | 1941.73 |
| 新疆维吾尔自治区 | 132 | 149.8 | 156.73 | 46519 | 55057 | 58502 |

## 二、入境旅游者人均消费及平均停留天数

内蒙古自治区入境旅游人均天消费呈现波动式平稳上升的趋势，1994 年内蒙古自治区入境旅游人均天消费为 100.4 美元，2014 年为 196.24 美元，经历 20 年增长了 95.1%，与全国入境旅游者人均天花费增长幅度相当（见图 2－8）。与国家西部大开发政策措施范围的 12 个西部民族地区相比，内蒙古自治区入境旅游人均天消费属于比较高的（见表 2－5）。

**表 2－5　西部民族地区 12 个省（市、自治区）入境旅游者人均天消费比较**

| 地区 | 入境旅游者人均天花费（美元/人・天） | | |
|---|---|---|---|
| | 2011 年 | 2012 年 | 2013 年 |
| 内蒙古自治区 | 181.02 | 185.81 | 194.2 |
| 广西壮族自治区 | 188.11 | 187.98 | 185.3 |
| 四川省 | 176.69 | 176.63 | 185.15 |
| 重庆市 | 176.39 | 179.84 | 183.67 |
| 贵州省 | 168.68 | 170.95 | 181.05 |
| 云南省 | 186.59 | 187.69 | 196.75 |
| 西藏自治区 | 180.33 | 184.36 | 191.67 |
| 陕西省 | 188.3 | 187.52 | 186.09 |
| 甘肃省 | 157.3 | 159.67 | 160.29 |
| 宁夏回族自治区 | 159.31 | 156.16 | 158.84 |
| 青海省 | 151.63 | 155.51 | 157.98 |
| 新疆维吾尔自治区 | 174.74 | 170.35 | 165.87 |

内蒙古自治区入境旅游的游客平均停留天数变化不大，除 1998 年、1999 年、2004 年和 2005 年不足 2 天外，其他年份均在 2 天以上，2012 年首次达到 3 天，2014 年达到 3.77 天，同比增长 0.22 天（见图 2－8）。

## 三、入境旅游市场结构

内蒙古自治区入境旅游人数占全国比重较低，2013 年占全国比重仅为 1.25%，低于全国平均水平。内蒙古自治区入境旅游人次数逐年增长，但是，入境过夜旅游人数占入境旅游人次数的比例在波动式下降。2014 年，从入境旅游

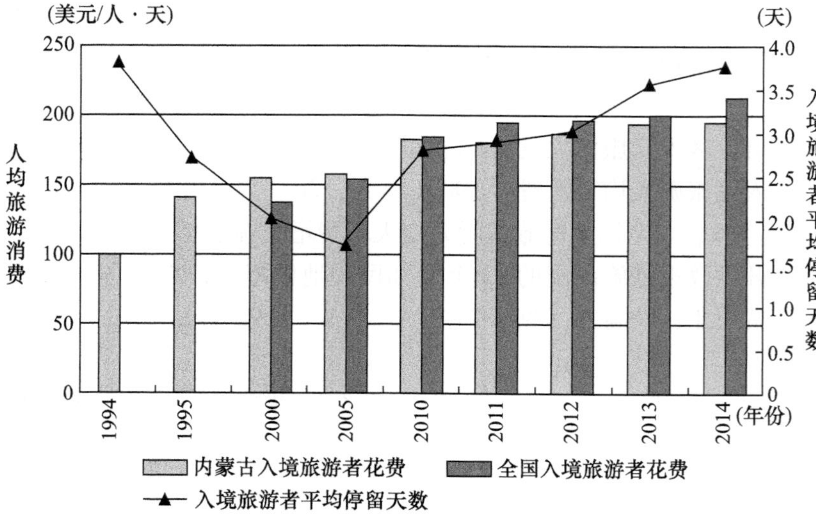


图 2-8 内蒙古自治区和全国入境旅游市场人均旅游消费及入境旅游者平均停留天数情况（1994~2014 年）

人数来看，入境过夜外国人人数占入境过夜总人数的 95.6%，同比增长 0.5%；台湾地区入境过夜旅游者占入境过夜总人数的 1.65%，同比增长 3.7%；澳门地区入境过夜旅游者占入境过夜总人数的 0.7%，同比增长 4.0%；香港过夜旅游者在港澳台地区游客中仍占有最大比例且增幅最大，占入境过夜总人数的 2.1%，同比增长 24.2%（见图 2-9 和图 2-10）。

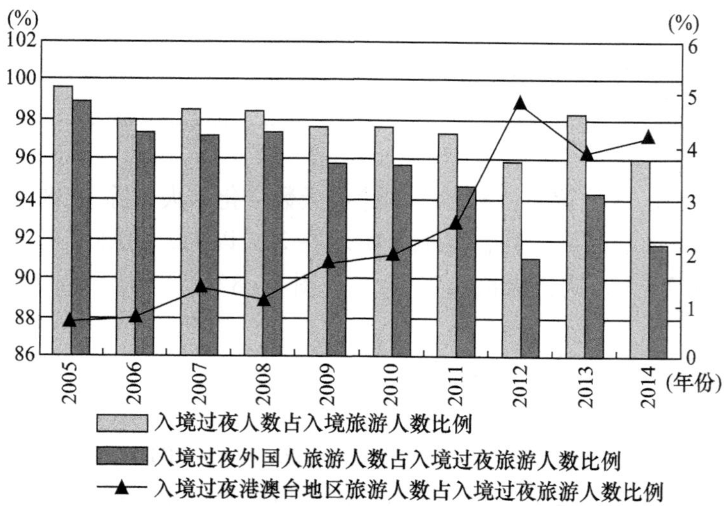


图 2-9 内蒙古自治区入境旅游市场结构（2005~2014 年）

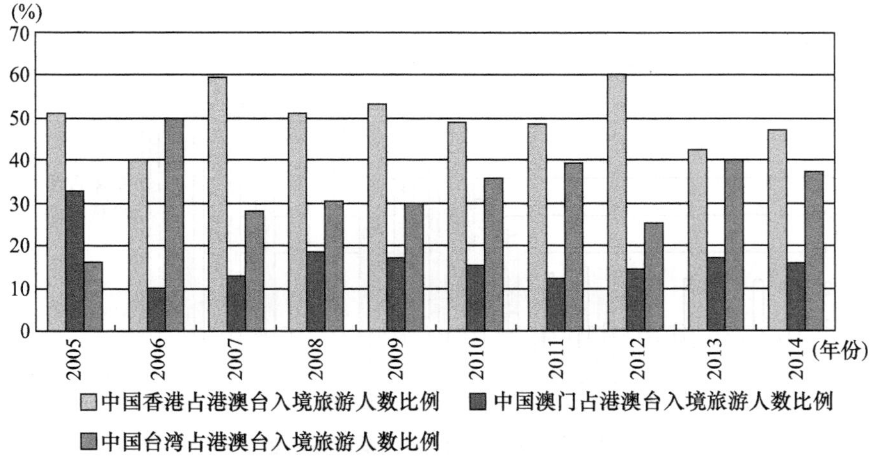


**图 2-10 内蒙古自治区港澳台地区入境旅游市场结构（2005~2014 年）**

内蒙古自治区的外国旅游者主要来自蒙古国、俄罗斯、日本、美国、韩国等，其中蒙古国和俄罗斯是一级客源市场，占内蒙古自治区入境旅游人数的 85% 以上。2014 年，蒙古国和俄罗斯两国入境过夜旅游者占总人数的 88.28%，同比下降 0.9%；其中，蒙古国入境过夜旅游者占总人数的 48.79%，同比下降 0.97%；俄罗斯入境过夜旅游者占总人数的 39.49%，同比下降 0.81%（见表 2-6）。

**表 2-6 内蒙古自治区入境旅游市场人数（过夜）结构（2014 年）**

| 国家或地区 | 入境旅游市场人数（过夜） | 比例（%） |
|---|---|---|
| 中国香港 | 33140 | 2.07 |
| 中国澳门 | 11283 | 0.70 |
| 中国台湾 | 26451 | 1.65 |
| 外国旅游者 | 1532953 | 95.58 |
| 总计 | 1603827 | 100 |

内蒙古自治区与蒙古国和俄罗斯接壤的边境线长达 4221 千米，现有 16 个开放口岸，其中，开展边贸旅游的两大口岸为满洲里和二连浩特。蒙古国入境旅游者人数自 1996 年以来，除 2003 年、2009 年和 2010 年受“非典”和全球金融危机的影响有小幅下降外，其他年份都呈持续稳定增长态势；俄罗斯入境旅游者在 2003 年以前人数不及蒙古国入境旅游者人数的一半，2004 年开始飞速增长，但受全球金融危机的影响，2009 年的入境旅游人数骤减，比 2008 年下降 36.7%，而且受影响时间较长，直到 2013 年才恢复到 2008 年的规模水平（见图 2-11）。

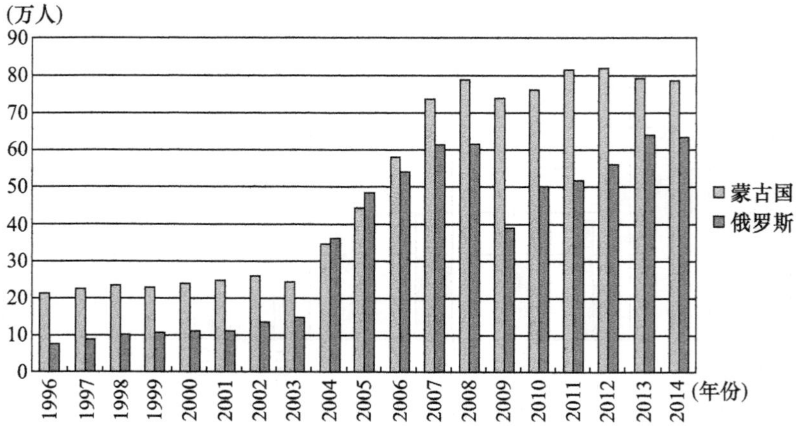


图 2-11　内蒙古自治区接待蒙古国和俄罗斯旅游者（1996~2014 年）

日本、韩国、美国等国家是内蒙古自治区入境旅游的二级客源市场，日本是我国传统的第一客源国，对内蒙古自治区入境旅游市场的影响比较大，但自 2011 年开始，日本游客数量大幅下降。韩国游客数量自 2004 年超过美国游客数量以来，除 2012 年有大幅度下降外，其他年份呈波动式增长的趋势。美国游客 2006 年增幅很大，增长率达到 102.3%，之后呈波动式缓慢增长的趋势。目前来看，这三个国家作为内蒙古自治区传统入境旅游二级客源市场的前三名，所占市场份额稳中有升，仍然具有很大的发展潜力。另外，德国、英国、澳大利亚、法国等发达国家游客数量近 10 年增幅较大，且增长比较稳定，在内蒙古自治区入境客源市场的发展潜力较大（见图 2-12）。

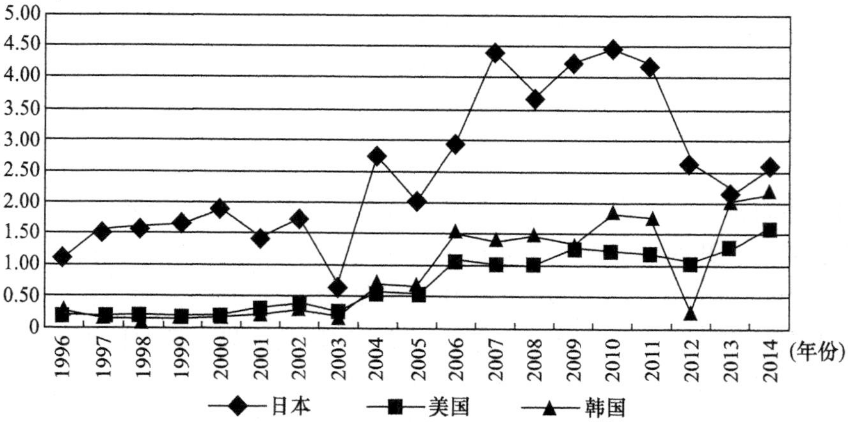


图 2-12　内蒙古自治区接待日本、美国和韩国旅游者（1996~2014 年）

2014年，内蒙古自治区入境旅游外汇收入为10.03亿美元，同比增长4.23%，但占全国比重较低，仅为1.86%。内蒙古自治区入境旅游者人均消费水平偏低，2014年入境旅游者人均日消费196.24美元，低于全国入境旅游者人均日消费16.01美元。其中，外国旅游者人均日消费196.75美元，低于全国入境旅游者人均日消费30.88美元；台湾旅游者人均日消费200.4美元，低于全国入境旅游者人均日消费10.17美元。但是港澳地区旅游者人均日消费偏高，其中，香港地区旅游者人均日消费185.07美元，高于全国入境旅游者人均日消费28.62美元；澳门地区旅游者人均日消费198.03美元，高于全国入境旅游者人均日消费72.05美元。

从2014年内蒙古自治区12个盟市接待入境旅游者人数和创汇的情况来看，呼伦贝尔市、锡林郭勒盟和呼和浩特市位居前三位，3个盟市接待入境旅游人数1427267人次，占内蒙古自治区入境旅游总人数的85.4%，创汇78305.39万美元，占内蒙古自治区入境旅游收入的78.1%。其中，呼伦贝尔市接待入境旅游人数656942人次，创汇41912.46万美元，均位居第一。隶属于呼伦贝尔市的满洲里接待入境旅游者538652人次，占呼伦贝尔市入境旅游人数的82%，创汇32117.37万美元，占呼伦贝尔市入境旅游收入的76.6%；锡林郭勒盟接待入境旅游人数647288人次，创汇23912.8万美元，均位居第二。隶属于锡林郭勒盟的二连浩特市接待入境旅游者606417人次，占锡林郭勒盟入境旅游人数的93.7%，创汇20495.81万美元，占锡林郭勒盟入境旅游收入的85.7%。由此可见，呼伦贝尔市和锡林郭勒盟的入境旅游者主要来自边境旅游（见图2－13和图2－14）。

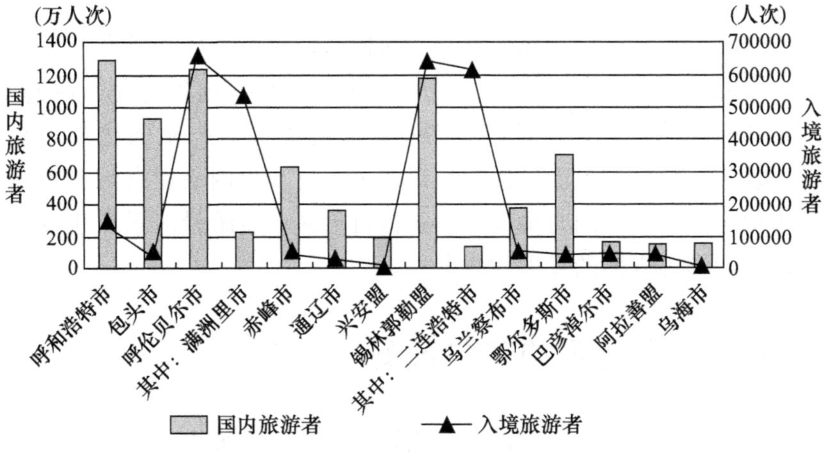


**图2－13 2014年内蒙古自治区各盟市接待入境旅游者情况**

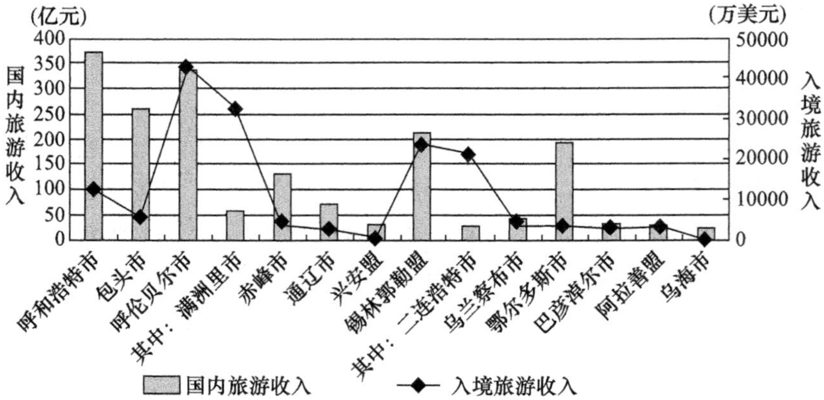


**图 2-14　2014 年内蒙古自治区各盟市入境旅游收入情况**

## 四、入境旅游市场特征

由于内蒙古自治区与蒙古国和俄罗斯接壤，因此入境游客中蒙古国和俄罗斯的游客所占比例很大，其中，口岸的边境旅游占很大市场份额。例如，2014 年满洲里市的入境旅游者达 538652 人次，占内蒙古自治区入境旅游人数的 32.2%，创汇 32117.37 万美元，占内蒙古自治区入境旅游收入的 32.0%；二连浩特市的入境旅游者达 606417 人次，占内蒙古自治区入境旅游人数的 36.3%，创汇 20495.81 万美元，占内蒙古自治区入境旅游收入的 20.4%。2014 年蒙古国和俄罗斯的入境游客比 2013 年有所减少，常规入境客源国游客有所增长，弥补了俄蒙边境旅游走弱的趋势。港澳台市场开发相对成熟，总体呈稳定增长的趋势，但是其中也有较大差异。相对来说，香港市场占有最大比例，2014 年增长最快，发展比较稳定；台湾和澳门市场发展相对缓慢，但稳中有升，具有较大潜力。

内蒙古自治区入境旅游收入，主要来自购物和长途交通，占总收入的 63.1%，尤其购物消费的比重较高，占总收入的 40%。与全国比较，消费在住宿、餐饮、娱乐、游览等方面的比重相对较少。反映出内蒙古自治区入境旅游主要还是以边贸旅游为主，同时也说明内蒙古自治区在旅游景区景点建设、饭店住宿、餐饮娱乐营销等方面的发展相对滞后。

## 五、入境旅游发展趋势与预测

入境旅游市场一直是内蒙古自治区比较重视的市场板块，政府和企业应当更加细致地研究内蒙古自治区的入境旅游市场，推行自治区旅游形象战略，创新旅游营销手段，巩固重点入境旅游市场，发展新兴入境旅游市场，培育潜在入境旅游市场，促进旅游消费，提升入境旅游市场发展水平。

在今后的发展中，与内蒙古自治区接壤的蒙古国和俄罗斯仍然是主要的入境旅游客源市场，且仍然会以边贸旅游为主。市场规模大、市场份额高、发育较成熟、增长速度较稳定的港澳台地区和日本、韩国、北美、西欧、东南亚等国家与地区将继续成为内蒙古自治区常规入境旅游客源市场，东欧和大洋洲等地区虽然目前的市场规模总量不大，但也表现出一定的发展潜力。

## 第三节 内蒙古自治区出境旅游市场

内蒙古自治区出境旅游市场在三大旅游市场中增速最为明显，2013 年，出境达到 74700 人次，同比增长 38.08%；出境旅游业务营业收入 3.27 亿元，同比增长 29.76%，占内蒙古自治区旅行社营业收入的 19.72%，同比增长 7.51%。

### 一、出境旅游市场规模

自 2000 年以来，内蒙古自治区出境旅游不断发展，呈波动上升趋势，尤其自 2009 年以后，出境旅游人数增幅强劲，出境旅游业务营业收入涨幅明显。内蒙古自治区出境旅游人次数增长呈现以下特点：2000 ~ 2005 年平稳增长，2006 年大幅下降，2007 年开始高速增长（见图 2 – 15）。

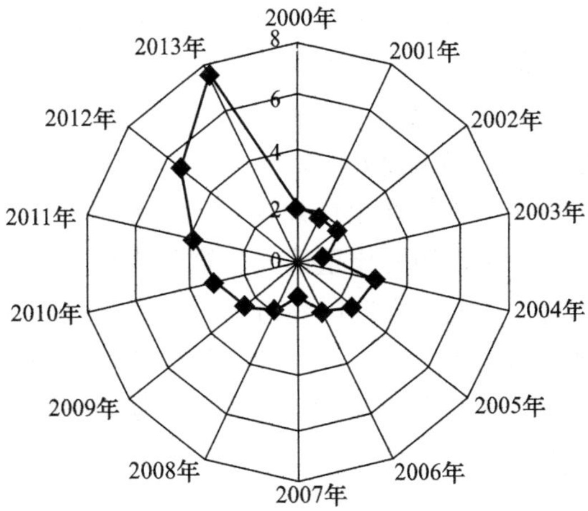


图 2 – 15 内蒙古自治区出境旅游人次数情况（2000 ~ 2013 年）

2009 年，内蒙古自治区出境旅游业务营业收入为 0.69 亿元，到 2010 年，该项业务营业收入达到 1.13 亿元，同比增长 63.76%，而且占到内蒙古自治区旅行社旅游业务营业收入的 8.08%。2011 年，出境旅游业务营业收入 2.14 亿元，同比增长 89.38%，占内蒙古自治区旅行社营业收入提高到 11.05%。2012 年，出境旅游业务营业收入 2.52 亿元，涨幅回落，比上一年增长 17.76%，占内蒙古自治区旅行社营业收入的 12.21%，只增长了 1.16%。2013 年，出境旅游业务营业收入又有较大增长，收入 3.27 亿元，同比增长 29.76%，占内蒙古自治区旅行社营业收入的 19.72%，同比增加了 7.51%。

## 二、出境旅游市场结构

由于内蒙古自治区与蒙古国和俄罗斯接壤，因此在内蒙古自治区出境游客结构中，以边境旅游为主体，并且因私出境旅游人数占多数，其中，在短途旅游市场中亚洲是出境旅游者的首选目的地，主要集中在中国香港、中国澳门、日本、韩国、中国台湾等国家和地区。泰国、马来西亚和新加坡等国家由于价格便宜，旅游景观差异性较大，因此也占有较大的市场份额。

## 三、出境旅游市场特点

近年由于居民消费能力的提高，再加上国内旅游价格的上扬，黄金周国内景点爆满，受周边国家旅游价格下降、直航的开通等因素影响，出境旅游人数逐年上升。同时，受中央“八项规定”和各级政府部门大幅压缩“三公消费”等政策的影响，内蒙古自治区因私出境旅游成为出境旅游的主体结构。从出境目的地来看，近程旅游目的地仍是首选，中远程目的地增长缓慢。另外，台湾游成了新热点，尤其受到中老年人的青睐，内蒙古自治区在 2013 年新增了两家有赴台游资质的旅行社，使赴台游市场迅速升温。

内蒙古自治区出境旅游市场在出境规模和消费水平上都处于快速发展时期，但也存在出境游中边境游和港澳游比重偏大、旅游消费结构不合理、出境游客许多权益无法保障等问题。因此，面向国际市场，要培育国际旅游精品，提高设施和服务的便利化程度。对接国际标准，提升管理水平和服务质量，尤其是在“一带一路”战略背景之下，加快海外接待体系建设，强化国际旅游合作，形成一批示范性国际旅游合作区域。

## 四、出境旅游发展趋势与预测

内蒙古自治区出境旅游市场的快速发展期也是内蒙古自治区旅游产业转型升级的关键时期。由于居民收入的持续增长、许多目的地国家和地区签证放宽、出境旅游价格下调和市场促销策略等诸多因素的影响，出境旅游在未来更长一段时期都将持续快速增长。另外，随着我国居民赴境外“自由行”的渐进开放，出境旅游将会有更广大的发展空间。

# 第三章
# 内蒙古自治区住宿业发展

## 第一节　内蒙古自治区饭店产业

### 一、内蒙古自治区饭店产业发展回顾

改革开放 30 多年来，内蒙古自治区旅游业经历了与国家旅游业相同的发展模式：先发展入境旅游，后逐步发展国内旅游，最后开放出境旅游。市场需求是推动饭店业发展的主要因素，旅游需求的演变推动了内蒙古自治区饭店产业的向前发展。

#### （一）行政事业单位管理阶段

在改革开放以前，内蒙古自治区的饭店数量很少，多数饭店只提供招待所式的服务，部分较好的饭店属于政府外事接待部门的事业接待型单位，没有独立的经济地位。这一时期的饭店由政府进行投资和管理，实行的是国有化管理制度、计划经济管理体制，因此无论从管理方法、接待程序，还是从环境艺术、经营决策等方面来看都是比较落后的。招待所式的饭店总体来说设施落后、功能单一、条件简陋。极少数比较高级的饭店宾馆主要为政治、外交事务服务，用于接待党和国家领导人、外国专家、爱国华侨、国内因公出差公务人员等。例如，建于 1959 年的内蒙古新城宾馆，在改革开放以前，主要负责党和国家领导人、外国元首以及各界重要贵宾的接待任务，是内蒙古自治区的“国宾馆”。

#### （二）现代饭店业初创阶段

改革开放之初，国家旅游局制定的旅游市场发展战略是大力发展入境旅游，

此时的饭店业以满足入境旅游游客为主，其主要任务是创造外汇收入。

内蒙古自治区入境旅游的发展对饭店的需求增加，但是当时的饭店数量少，住宿设施简陋，供给短缺。国家开始鼓励地方、部门、集体和个体等各种资金投资到饭店领域后，内蒙古自治区饭店业开始向产业化方向转型。

内蒙古自治区第一批为旅游服务的现代饭店建于 20 世纪 80 年代初期，是在国家旅游管理部门着力拓宽饭店建设资金渠道、组织社会资金和各部门资金投入旅游饭店建设的历史背景之下开始建设的。比如，内蒙古饭店建立于 1982 年，起初隶属于内蒙古自治区外事办公室，后来隶属于内蒙古自治区旅游局，当时无论从设施条件、人员构成，还是从整体的服务水平来看，都应当算是当时内蒙古自治区最好的饭店之一。这个时期的新城宾馆和内蒙古饭店在内蒙古自治区饭店业发挥了示范作用，起到了骨干带头作用。这一时期的内蒙古自治区饭店业呈现较快发展状态，但是由于基数小，饭店业的规模总体上还处于起步阶段。

从饭店业的市场看，随着改革开放的发展，国门向世界敞开，大量入境游客进入内蒙古自治区，但是饭店业发展还比较滞后，致使内蒙古自治区的主要几个旅游城市饭店严重供不应求。旅游住宿设施的不足影响了当时旅游业的发展，旅游饭店处于典型的卖方市场状态。这一时期，旅游饭店以接待外宾为主，旅游属于外事工作的一部分，价格管理严格。一方面，得到社会认同，人们觉得旅游饭店服务是一份好工作，因此这一时期饭店行业集中了一批素质很高的员工，这批员工在当时选拔条件比较高，工作干劲儿十足，因此成材速度和素质都是很高的。他们在内蒙古自治区星级饭店领域具有拓荒者、开辟者的地位，贡献非常大。比如，当时的内蒙古饭店就培养了内蒙古第一批饭店业的大部分职业经理人。另一方面，也促进了饭店的大批量建设，进入稳定发展时期后，一大批旅游饭店开始在内蒙古自治区各个城市兴建。

从饭店经营管理的角度来看，这一时期饭店业开始从招待所式的管理向企业化管理转变。许多饭店开始学习国内发达地区先进的管理方法，建立科学的管理体制。

### （三）稳定发展阶段

1993 年国家旅游局《关于积极发展国内旅游业的意见》中明确提出要把国内旅游纳入国民经济和社会发展计划中，同时，相应制定了“大力发展入境旅游，适度发展国内旅游”的旅游市场发展战略，国内旅游需求开始启动。1992 年小平同志南方谈话以后，我国经济发展异常活跃，民营企业发展迅速，饭店业也进入快速成长阶段。受全国大环境的影响，内蒙古自治区各个城市也开始改建和新建一大批旅游饭店，同时，政府的各个部门、许多事业单位也以培训中心的名义建设大量饭店，使饭店数量快速增长，内蒙古自治区饭店业进入稳定发展时期。

1988年，经国务院批准，国家旅游局制定了《中华人民共和国旅游（涉外）饭店星级标准和评定星级的规定》，将旅游系统内部的饭店从一星到五星分类划分，进行星级评定，开始对旅游服务领域实施标准化管理。1993年，国家技术监督管理部门发布《旅游涉外饭店星级划分与评定》为国家标准，并在1993年10月在全国正式执行。星级评定制度的推行，使内蒙古自治区饭店业进入现代化、规范化管理的发展阶段。20世纪90年代初期，内蒙古自治区评定了第一批三星级饭店，共有3家：内蒙古饭店、昭君大酒店、包头青山宾馆。之后，又评定了满洲里国际饭店、包头天外天大酒店、鄂尔多斯天骄大酒店等一大批三星级饭店。1996年新城宾馆组建企业集团，在经营方式和管理体制等方面进行了以社会主义市场经济为导向的探索和改革，脱离招待所模式，确立了科学化、制度化、标准化的企业制度，2000年国家旅游局批准其为五星级旅游涉外饭店，成为内蒙古自治区第一家五星级饭店。星级评定工作的开展促使内蒙古自治区饭店业整体水平上了一个新台阶，这一工作的实施使饭店在软硬件的建设上都有了参照标准，各个饭店围绕着星级标准，以星级达标作为管理的目标，提高服务水平，完善产品内涵，改善饭店环境，饭店行业管理进入了标准化管理的新时代。

1999年国务院出台了新的法定休假制度，并于当年国庆节开始实施黄金周假日制度，这一宏观消费政策立竿见影，取得了显著效果。国家旅游市场发展战略也调整为“大力发展入境旅游，积极发展国内旅游，适度发展出境旅游”。在此全民旅游的大背景下，内蒙古自治区的国内旅游需求也呈井喷式发展。随着国内旅游的蓬勃发展，内蒙古自治区饭店业也焕发出勃勃生机，规模急剧扩大，星级饭店从1999年底的不足50家发展到2015年初的334家，五星级饭店从一家没有增加到10家。这一阶段内蒙古自治区饭店业市场逐渐成熟，从卖方市场转向买方市场。客源结构也从单一的依靠入境游客转向入境与国内游客并存，同时，从单纯依靠观光游客转向观光游客、商务游客、度假游客、探亲访友游客、本地游客等多种客源。

随着内蒙古自治区饭店业发展进程的加速，饭店竞争日趋激烈。许多饭店为了谋求自身发展出路，借鉴国外饭店的先进管理理念，根据自身的管理实践，采用人性化服务、网络化营销等方法促进其发展。同时，饭店业经营体制也在发生改变，政府机构和事业单位开始改革，使很多政府部门和事业单位不再建设饭店，民营饭店发展迅速，产业活力明显增强，再加上饭店经营者引入先进的管理团队，借鉴先进的管理理念。使这一阶段内蒙古自治区饭店业发展出现新的特点，更加注重质量的提升。比如，内蒙古饭店在1996～1997年，由于饭店设施设备的陈旧导致服务质量下降，再加上宏观形势的影响，酒店的改造资金无法落实，使饭店的整体经营举步维艰，当时恰逢内蒙古自治区进行行政体制改革，于是把饭店划归给呼和浩特市政府。1999 年仕奇集团通过净资产收购的方式收购内蒙古饭店，2000 年投资 3 亿多元对饭店进行升级性的改造，2002 年 5 月重新开业，2003 年被国家旅游局批准为五星级饭店，2005 年开始集团改制，到 2009 年改制结束，成为一个非国有的民营股份制企业。改制后的内蒙古饭店注重饭店软件建设，把"建设中国一流的草原文化主题酒店"作为饭店经营和发展的定位，坚持文化创新，主题定位鲜明，通过差异化寻找饭店的市场机会，塑造饭店品牌形象。同时，坚持"以人为本"的管理和经营理念，提出"蓝哈达"服务品牌建设的品牌发展战略，将服务品牌建设落实到饭店整体的经营管理过程中。这一时期内蒙古自治区的饭店通过软硬件设施的提升增强自身的竞争力，在规模和质量等方面都有较大发展。

1988 ~ 2010 年，国家旅游局对星级饭店评定标准做了五次修订，积极改进星级饭店宏观管理，促进星级饭店质量的提升。2006 年，国家旅游局制定实施了《绿色旅游饭店》标准，并推进"绿色饭店"创建活动，引导和规范饭店业的健康发展。内蒙古自治区饭店业管理也逐步进入政府管理与行业自律并重的状态。

2008 年全球金融危机后，我国的旅游市场发展战略转为"大力发展国内旅游，积极发展入境旅游，有序发展出境旅游"。内蒙古自治区 2014 年国内旅游人数达到 7414 万人次，进入了国民旅游时代，国内旅游市场快速增长，饭店供给也需要进行调整，才能适应这一转变。饭店业态开始呈现多元化发展趋势，经济型饭店、主题饭店、度假饭店、商务饭店、公寓饭店等新型饭店不断涌现。随着网络信息的发展，饭店的经营管理也开始注重网络信息系统建设、运营系统建设、品牌系统建设和人力资源培训系统建设等，同时，饭店的建设和更新更加注重节能环保健康安全的理念，坚持绿色管理，倡导绿色消费，保护生态和合理使用资源。

## 二、内蒙古自治区饭店产业发展现状

### （一）星级饭店规模、结构与绩效

1. 数量规模

截至 2014 年底，内蒙古自治区星级饭店共计 334 家，占全国星级饭店总量的 2.3%，在全国 32 个省（自治区、直辖市、兵团）排名第 19 位。其中，五星级饭店 10 家，在全国排名第 22 位；四星级饭店 38 家，在全国排名第 27 位；三星级饭店 135 家，在全国排名第 22 位；二星级饭店 151 家，在全国排名第 9 位；

内蒙古自治区没有一星级饭店。内蒙古自治区星级饭店在整体上处于平稳缓慢的增长态势，再加上一直坚持比较严格的星级饭店评定原则，因此饭店的绝对数、比例数及排序处在全国中等偏后的位次，是符合内蒙古自治区饭店发展实际的。

截至2014年底，内蒙古自治区星级饭店总数增加了12家，同比增长3.7%。从不同等级星级饭店的数量规模及变化来看：五星级饭店在饭店数量、客房数和床位数上均保持增长，且增长率最高，增加了2家，同比增长25%；四星级饭店数量规模也呈增长态势，只是与五星级饭店相比增幅相对较缓，增加了3家，同比增长8.6%；三星级饭店的数量虽然不及二星级饭店，但其客房和床位规模是最大的，并且与全国三星级饭店负增长的发展趋势相反，内蒙古自治区三星级饭店呈现增长态势，增加了13家，同比增长10.7%；二星级饭店数量规模最大，但其呈现负增长，减少了4家，增长率为-2.6%。仅有的2家一星级饭店也被取消（见表3-1、表3-2和表3-3）。

**表3-1 内蒙古自治区2013年与2014年不同等级星级饭店数量及其增长率比较**

单位：家

| 星级 | 2013年 | 2014年 | 增长率（%） |
|---|---|---|---|
| 五星 | 8 | 10 | 25 |
| 四星 | 35 | 38 | 8.60 |
| 三星 | 122 | 135 | 10.70 |
| 二星 | 155 | 151 | -2.60 |
| 一星 | 2 | 0 | -100 |
| 总数 | 322 | 334 | 3.70 |

**表3-2 内蒙古自治区2013年与2014年不同等级星级饭店客房数及其增长率比较**

单位：间

| 星级 | 2013年 | 2014年 | 增长率（%） |
|---|---|---|---|
| 五星 | 3088 | 3564 | 0.154 |
| 四星 | 6164 | 6822 | 0.107 |
| 三星 | 13644 | 14854 | 0.089 |
| 二星 | 9109 | 8874 | -0.026 |
| 一星 | 78 | 0 | -1 |
| 总数 | 32083 | 34114 | 0.063 |

表3-3 内蒙古自治区2013年与2014年不同等级星级饭店床位数及其增长率比较

单位：张

| 星级 | 2013年 | 2014年 | 增长率（%） |
|---|---|---|---|
| 五星 | 4495 | 5229 | 0.163 |
| 四星 | 10541 | 11486 | 0.09 |
| 三星 | 24516 | 26636 | 0.086 |
| 二星 | 17689 | 17261 | -0.024 |
| 一星 | 156 | 0 | -1 |
| 总数 | 57397 | 60612 | 0.056 |

截至2014年底，内蒙古自治区星级饭店客房数为34114间，同比增长6.3%，床位数60612张，同比增长5.6%。其中，五星级饭店客房数为3564间，同比增长15.4%，床位数5229张，同比增长16.3%；四星级饭店客房数为6822间，同比增长10.7%，床位数11486张，同比增长9.0%；三星级饭店客房数为14854间，同比增长8.9%，床位数26636张，同比增长8.6%；二星级饭店客房数为8874间，同比下降2.6%，床位数17261张，同比下降2.4%。

从内蒙古自治区饭店的经营档次来看，高档次星级饭店的发展明显快于中低星级饭店的发展，二星级饭店反而出现负增长趋势，没有了一星级饭店。2014年，三星级饭店虽然不是内蒙古自治区星级饭店增幅最大的饭店，但是其增长数量最多，增加了13家。三星级饭店是内蒙古自治区星级饭店领域创建最早、数量最多、发挥作用最大的星级饭店，由于其数量、客房数和床位数最多，因此也承担着内蒙古自治区最大的接待任务。在内蒙古自治区星级饭店发展的30余年中，各星级饭店都为内蒙古自治区旅游业的发展做出了贡献，其中，三星级饭店对于巩固和提升星级饭店的品牌和质量起到举足轻重的作用，三星级饭店的品质和质量，直接关系着星级饭店整体队伍的水平和星级饭店工作的发展方向。

2. 区域结构

从区域结构来看，通过分析12个盟市及2个副地级市星级饭店数量在内蒙古自治区的比重，可以得出：呼伦贝尔市、赤峰市、呼和浩特市、鄂尔多斯市和通辽市星级饭店数量相对较多，在内蒙古自治区的百分比都达到了9%以上。对于12个盟市及2个副地级市四星级以上饭店在内蒙古自治区四星级及以上饭店的比重分析，可以看出，呼和浩特市、鄂尔多斯市、包头市和赤峰市高星级饭店数量相对较多，在内蒙古自治区的百分比都达到了10%以上，如表3-4所示。

表 3－4　2014 年内蒙古自治区星级饭店的数量

| 地区 | 不同星级饭店数 | | | | | | 占全区百分比（%） | 四星级以上饭店占全区的百分比（%） |
|---|---|---|---|---|---|---|---|---|
| | 五星 | 四星 | 三星 | 二星 | 一星 | 小计 | | |
| 呼和浩特市 | 5 | 8 | 10 | 10 | 0 | 33 | 9.88 | 27.08 |
| 包头市 | 2 | 5 | 14 | 7 | 0 | 28 | 8.38 | 14.58 |
| 呼伦贝尔市 | 0 | 1 | 19 | 14 | 0 | 34 | 10.18 | 2.08 |
| 兴安盟 | 0 | 1 | 8 | 19 | 0 | 28 | 8.38 | 2.08 |
| 通辽市 | 0 | 2 | 12 | 17 | 0 | 31 | 9.28 | 4.17 |
| 赤峰市 | 0 | 6 | 11 | 17 | 0 | 34 | 10.18 | 12.50 |
| 锡林郭勒盟 | 1 | 1 | 9 | 13 | 0 | 24 | 7.19 | 4.17 |
| 乌兰察布市 | 0 | 1 | 5 | 14 | 0 | 20 | 5.99 | 2.08 |
| 鄂尔多斯市 | 1 | 7 | 19 | 5 | 0 | 32 | 9.58 | 16.67 |
| 巴彦淖尔市 | 0 | 1 | 7 | 16 | 0 | 24 | 7.19 | 2.08 |
| 乌海市 | 0 | 1 | 3 | 7 | 0 | 11 | 3.29 | 2.08 |
| 阿拉善盟 | 0 | 2 | 7 | 9 | 0 | 18 | 5.39 | 4.17 |
| 满洲里市 | 1 | 2 | 10 | 3 | 0 | 16 | 4.79 | 6.25 |
| 二连浩特市 | 0 | 0 | 1 | 0 | 0 | 1 | 0.30 | 0 |
| 全区总计 | 10 | 38 | 135 | 151 | 0 | 334 | 100.00 | 100.00 |

各盟市饭店规模与经济发达水平基本相匹配，经济发展排名在内蒙古自治区前三位，位于内蒙古自治区中西部的呼和浩特市、包头市和鄂尔多斯市的星级饭店共计 93 家，占内蒙古自治区饭店总数的 27.8%。其中，五星级饭店 8 家，占内蒙古自治区五星级饭店总数的 80%；四星级饭店 20 家，占内蒙古自治区四星级饭店总数的 52.6%；三星级饭店 43 家，占内蒙古自治区三星级饭店总数的 31.9%；二星级饭店 22 家，只占内蒙古自治区二星级饭店总数的 14.6%。由此可以看出，该地区高档次饭店的比例更高，星级越低饭店数量越少。东部 4 个盟市（呼伦贝尔市、赤峰市、通辽市和兴安盟）的星级饭店共计 143 家，占内蒙古自治区饭店总数的 42.8%，其中，五星级饭店 1 家，四星级饭店 12 家，三星级饭店 60 家，二星级饭店 70 家，三星级和二星级饭店占该地区饭店总数的 90.9%，由此可以看出，该地区饭店以中低档次为主，唯一的一家五星级饭店位于口岸城市满洲里市。中东部两个盟市（锡林郭勒盟和乌兰察布市）的星级饭店共计 44 家，占内蒙古自治区饭店总数的 13.2%，其中，五星级饭店 1 家，四星级饭店 2 家，三星级饭店 14 家，二星级饭店 27 家，三星级和二星级饭店占该地区饭店总数的 93.2%，该地区饭店也是以中低档次为主，口岸城市二连浩特市

只有1家三星级饭店。西部3个盟市（阿拉善盟、巴彦淖尔市和乌海市）的星级饭店共计53家，占内蒙古自治区饭店总数的15.9%，其中，四星级饭店4家，三星级饭店17家，二星级饭店32家，三星级和二星级饭店占该地区饭店总数的92.5%，该地区没有五星级饭店，主要以中低档次饭店为主。从饭店数量规模和饭店档次来看，内蒙古自治区中部和东部地区要比西部地区发展得快。

截至2014年底，呼和浩特市、锡林郭勒盟、乌海市和满洲里市与2013年相比较饭店数量未发生变动。与此同时，星级饭店数量规模增加的盟市有呼伦贝尔市、兴安盟、乌兰察布市、二连浩特市、鄂尔多斯市和阿拉善盟，其中，兴安盟增幅最大达40%，三星级饭店由2014年初的2家增加为8家，涨幅达到300%；涨幅最小的是阿拉善盟，只增加了1家三星级饭店，同比增长5.9%；二连浩特市2014年初没有星级饭店，2015年初增加1家三星级饭店。星级饭店数量规模呈现负增长的盟市是包头市、通辽市、赤峰市和巴彦淖尔市，其中，巴彦淖尔市1年内减少星级饭店5家，降幅最大，年增长率为-17.2%，见表3-5。

**表3-5 内蒙古自治区2014年3月与2015年3月星级饭店数量规模比较**

单位：家

| 地区 | 五星 | | 四星 | | 三星 | | 二星 | | 一星 | | 总数 | |
|---|---|---|---|---|---|---|---|---|---|---|---|---|
| | 2014年3月 | 2015年3月 | 2014年3月 | 2015年3月 | 2014年3月 | 2015年3月 | 2014年3月 | 2015年3月 | 2014年3月 | 2015年3月 | 2014年3月 | 2015年3月 |
| 全区 | 8 | 10 | 35 | 38 | 122 | 135 | 155 | 151 | 2 | 0 | 322 | 334 |
| 呼和浩特市 | 5 | 5 | 8 | 8 | 11 | 10 | 9 | 10 | 0 | 0 | 33 | 33 |
| 包头市 | 2 | 2 | 4 | 5 | 16 | 14 | 8 | 7 | 0 | 0 | 30 | 28 |
| 呼伦贝尔市 | 0 | 0 | 1 | 1 | 17 | 19 | 10 | 14 | 0 | 0 | 28 | 34 |
| 兴安盟 | 0 | 0 | 1 | 1 | 2 | 8 | 17 | 19 | 0 | 0 | 20 | 28 |
| 通辽市 | 0 | 0 | 2 | 2 | 12 | 12 | 18 | 17 | 0 | 0 | 32 | 31 |
| 赤峰市 | 0 | 0 | 5 | 6 | 11 | 11 | 19 | 17 | 0 | 0 | 35 | 34 |
| 锡林郭勒盟 | 0 | 1 | 1 | 1 | 9 | 9 | 14 | 13 | 0 | 0 | 24 | 24 |
| 乌兰察布市 | 0 | 0 | 1 | 1 | 2 | 5 | 14 | 14 | 0 | 0 | 17 | 20 |
| 鄂尔多斯市 | 1 | 1 | 6 | 7 | 16 | 19 | 6 | 5 | 1 | 0 | 30 | 32 |
| 巴彦淖尔市 | 0 | 0 | 1 | 1 | 7 | 7 | 20 | 16 | 1 | 0 | 29 | 24 |
| 乌海市 | 0 | 0 | 1 | 1 | 3 | 3 | 7 | 7 | 0 | 0 | 11 | 11 |
| 阿拉善盟 | 0 | 0 | 2 | 2 | 6 | 7 | 9 | 9 | 0 | 0 | 17 | 18 |
| 满洲里市 | 0 | 1 | 2 | 2 | 10 | 10 | 4 | 3 | 0 | 0 | 16 | 16 |
| 二连浩特市 | 0 | 0 | 0 | 0 | 0 | 1 | 0 | 0 | 0 | 0 | 0 | 1 |

从内蒙古自治区饭店行业建设的区域结构来看，星级饭店的区域分布不太均衡。2015 年初拥有星级饭店数量排在前三位的盟市是呼伦贝尔市、赤峰市和呼和浩特市，共计星级饭店 117 家，占内蒙古自治区星级饭店总数的 35%，拥有客房数量 14556 间，占内蒙古自治区星级饭店客房总数的 42.7%。饭店业分布特点表现在两个方面：其一，东部、中部地区星级饭店数量相当，西部地区星级饭店数量偏少；其二，高档次星级饭店分布集中，五星级饭店主要集中在呼和浩特市和包头市，四星级饭店主要集中在呼和浩特市、包头市、鄂尔多斯市和赤峰市，其他盟市只有 1～2 家，数量上相差比较大，这种分布与地区经济和旅游发展状况相吻合，经济比较发达地区和旅游业发达地区星级饭店数量多、档次高，欠发达地区数量少、档次相对偏低。另外，在两个口岸城市中，满洲里市星级饭店共有 16 家，其中，五星级饭店 1 家，四星级饭店 2 家，三星级饭店 10 家，二星级饭店 3 家，而二连浩特市只有 1 家三星级饭店，明显少于满洲里市，形成差异的原因主要是由于满洲里市接待的入境游客主要来自俄罗斯，二连浩特市接待的入境游客主要来自蒙古国，俄罗斯经济较蒙古国发达，过夜消费的游客数量相对较多，消费水平相对较高，因此与二连浩特市相比满洲里市星级饭店数量多且档次相对较高。

3. 饭店绩效

截至 2013 年底，内蒙古自治区星级饭店总资产 102 亿元，客房 27792 间，床位 48333 间，客房平均出租率 46%，营业收入总额 29.49 亿元，同比下降 8%。收入在 1 亿元以上的饭店是呼市香格里拉饭店、内蒙古饭店、包头香格里拉饭店，这 3 家饭店都是五星级饭店。收入在 5000 万～1 亿元的饭店 6 家，主要分布在呼和浩特市、包头市、呼伦贝尔市、通辽市、赤峰市的四星级与五星级饭店当中。从收入的构成来看，餐饮和客房是收入的主要来源，餐饮占 51%、客房占 47%，其他收入占 2%。星级饭店员工总数为 25697 人，员工流失率在 45% 左右。2013 年，内蒙古自治区星级饭店经营收入锐减、人员流动大，其中，五星级饭店和各盟市地区的四星级饭店受影响最为明显，尤其餐饮的预期收入减少明显。

2014 年，内蒙古自治区星级饭店整体上仍处于亏损状态，但相比 2013 年有所缓解，部分四星级饭店出现缓慢爬升态势。2014 年第三个季度，五星级饭店总收入 2.0 亿元，同比下降 18.65%；平均房价 545 元，同比下降 20%；客房平均出租率 57.89%，同比下降 1.52%。四星级饭店总收入 2.44 亿元，同比增长 17.74%；平均房价 339 元，同比下降 12.05%；客房平均出租率 65.98%，同比下降 0.07%。三星级饭店收入 2.8 亿元，同比下降 5%；平均房价 226 元，同比下降 7%；客房平均出租率 53.2%，同比下降 8%。二星级饭店收入 1.2 亿元，同比下降2%；平均房价142元，同比下降0.9%；客房平均出租率48.7%，同比下降11%。与全国饭店经营情况相比，内蒙古自治区五星级饭店的平均房价低于全国五星级饭店的平均房价近100元，下降幅度远远大于全国五星级饭店平均房价的下降幅度，客房平均出租率也低于全国平均水平；四星级饭店的平均房价与全国四星级饭店的平均房价相差不大，下降幅度大于全国四星级饭店平均房价的下降幅度，客房平均出租率高于全国平均水平。三星级饭店的平均房价高出全国三星级饭店的平均房价近10元，下降幅度与全国五星级饭店平均房价的下降幅度相差不大，客房平均出租率略低于全国平均水平；二星级饭店的平均房价比全国二星级饭店的平均房价低22元，与全国平均房价上升的趋势相反，内蒙古自治区二星级饭店平均房价略有下降，客房平均出租率低于全国平均水平。

2012年以来，内蒙古自治区高星级饭店的营业收入及利润下降幅度较大。其中，五星级饭店2012年总收入9.47亿元，平均每家收入1.18亿元，2013年总收入降至7.23亿元，平均每家收入0.90亿元，平均收入下降幅度达24%；四星级饭店2012年总收入6.55亿元，平均每家收入2183万元，2013年因又新增四星级饭店，因此总收入7.75亿元高于上一年，但是平均每家收入低于上一年，为2095万元，平均收入下降0.4%。

内蒙古自治区近年来高星级饭店收入锐减、利润下滑，分析其原因，一方面是由于2013年中央出台八项规定后，高星级饭店失去了政府消费的很大一部分利润，甚至有些经营业绩较好的饭店也出现亏损。另一方面是十几年来内蒙古自治区星级饭店的过度投资开发，造成市场供给失衡，再加上国际金融危机及经济下行压力的影响，饭店运营成本的增加和相关业态对饭店利润的挤压等诸多因素，影响了饭店的营业收入及利润。

### （二）星级饭店产业需求特征

消费需求推动产业发展，经过30多年的发展，内蒙古自治区饭店业的消费群体发生了巨大的变化，由以入境旅游者为主转向了以国内旅游者为主。饭店的涉外性弱化，国内消费者也开始在饭店消费。目前，无论是外地的还是本地的国内消费者都已经成为饭店发展的市场主体。人们生活水平的提高、生活方式的转变以及越来越多的人对于高质量生活品质的追求，使饭店被更多的普通大众所认知和体验，这为饭店产业的发展提供了广阔的市场空间。同时，随着社会的发展和国民素质的提高，消费模式呈现多样化和个性化的需求，休闲度假、自驾游、修学游、农家乐等各种旅游形式的出现，推动了饭店产业向多样化、个性化发展。

## 三、内蒙古自治区饭店业发展趋势

随着内蒙古自治区旅游业的快速发展，旅游市场需求不断提升，旅游产业结构也逐渐升级，旅游者消费观念逐步成熟，饭店产品的类型也越来越多样，饭店新业态将蓬勃发展。同时，市场竞争加剧，导致了饭店在市场分工和自身定位上都发生了层次变化。

### （一）高星级饭店发展由快到慢逐渐放缓

改革开放 30 多年来，随着内蒙古自治区经济的发展，各个盟市的城市建设步伐加大，居民收入的提高和对高品质生活的追求再加上流动人口的增加推动了房地产业的发展。而许多饭店投资都是作为城市的房地产配套项目，或者作为城市形象而进行投资的，在加快发展旅游业的政策影响下，各盟市加大对饭店的投资建设，其中，高星级饭店领域成为投资热点。比如，鄂尔多斯市近 10 年间，经济发展曾呈现井喷式增长，在饭店投资中最多的是四星级饭店，近 5 年来鄂尔多斯市的四星级饭店由原来的 1 家增长到现在的 7 家，增长了 6 倍；而三星级饭店增速远远低于四星级饭店的增速，二星级饭店没有增长反而减少了。

2013 年中央出台了“八项规定”“六项禁令”等一系列禁奢令，要求严格控制“三公消费”。2014 年《中央和国家机关差旅费管理办法》和《党政机关国内公务接待管理规定》明确规定限制在五星级饭店召开会议，严禁以任何名义和方式变相旅游。随着这些政策的出台，内蒙古自治区高星级饭店的公务接待量大幅度下降，高星级饭店发展速度明显放慢。限制公款消费迫使内蒙古自治区饭店业向以大众消费为主的市场结构调整，高星级饭店开始谋求转型发展之路，改变经营策略，转变市场定位，向中低档消费市场转型。在转型过程中，一大批饭店主动降价，并与团购平台合作，开拓大众消费市场，比如内蒙古饭店在美团网中推出“888 元享价值 1626 元 10 人套餐”的团购，呼和浩特市宾悦酒店也在美团网中推出“898 元享价值 1562 元 10 人套餐”的团购等，内蒙古自治区几乎所有的五星级和四星级饭店都在美团网、窝窝网等团购网站上推出团购产品，包括住宿、餐饮及其他服务，同时提供平价月饼、平价年夜饭等大众化产品预订，这些都是高星级饭店试探大众市场的一种行为。在禁奢令的影响下，高星级饭店终将摆脱对政府消费的依赖，向多业态大众化经营转型，发展逐渐放缓趋于稳定。

### （二）中档次饭店发展潜力大

内蒙古自治区中档次饭店以三星级饭店为代表，一直以来存在供给存量和现实需求不能有效匹配、管理和服务水平及经营业绩相对较低、背负上下夹层压力等现实问题，使中档次饭店在饭店产业格局中的地位尴尬，发展相对缓慢。2012

年以来受全球经济下行、消费疲软、禁奢令等的影响，内蒙古自治区各星级饭店运行状况都不佳，但是内蒙古自治区的三星级饭店在规模数量、营业收入和实缴税金等方面仍占据着星级等次的第一位，处于星级饭店中间的位置，具有承上启下的作用，针对中端市场设计其潜力还是非常大的。同时，中档次的经济型酒店、快捷酒店、中端品牌连锁酒店加速发展，开始向中端市场聚拢，推出各自的中端品牌，中端饭店不同于传统星级饭店，具有多元化、多样化、特色化等特征，方便快捷，预示了饭店业从标准化向个性化转变的趋势。

### （三）饭店营销方式不断革新

随着信息技术的快速发展，内蒙古自治区饭店的营销观念和方式也在不断革新升级。微博、微信等新媒体运用日趋成熟，饭店营销方式也从传统的“纸质营销”转变为“电子营销”。饭店借助网络平台与客户保持良好沟通，增强饭店品牌影响力；在微信营销中，饭店可以与客户进行私密交流，了解客户的喜好从而进行个性化营销，而且还可以通过微信预订、付款实现线上线下一体化。随着智能手机的普及和移动设备的预订及支付，饭店应转变和革新营销观念，紧跟时代潮流，应以扩大直销为首选和目标，以媒介（如淘宝、携程、去哪儿、微博、微信等）为最佳盟友，多渠道进行分销。

## 四、内蒙古自治区饭店业发展对策

### （一）行政管理部门应加强行业服务，引导饭店理性投资

近年来，内蒙古自治区饭店业发展很快，尤其是高星级饭店发展更为迅速，现已表现出局部结构失衡的状况，收入和利润持续呈下降趋势，这种状况与供给的大幅增长有很大关系。因此，内蒙古自治区行政管理部门应加强行业服务，引导饭店理性、科学的投资。从政策层面来看，应根据内蒙古自治区旅游市场需求和饭店业发展的现状，制定有利于引导不同星级饭店、不同类型饭店均衡发展的政策，避免盲目追求高星级、高档次品牌的引进和发展，最大限度地避免盲目攀高的现象。从信息服务层面，应及时了解饭店的经营情况，对外发布饭店业发展和饭店经营有关的数据，为投资者和企业经营管理者提供参考。从行业工作推动层面，内蒙古自治区行业管理部门要把工作重点从饭店评星转移到饭店评星前甚至建设前的辅导服务环节，加强行业规划和行业指导。这样才能使内蒙古自治区饭店业良性发展，饭店服务质量稳步提升。

### （二）贯彻落实饭店业国家标准，促进饭店标准化发展

饭店业是旅游业中标准化实施最早、标准化影响力最广泛的领域。饭店星级标准是旅游业实施最成功的标准之一。《旅游饭店星级的划分与评定》从 1988 年

制定实施至今，饭店星级标准经历了1993年、1997年、2003年三次修订，目前实施的2010版的星标，更加人性化和科学化，更加符合旅游业发展实际及饭店业发展趋势。新标准注重强调必备条件、核心产品、节能环保、软件评价、应急管理、特色经营，能够更好地规范和引导行业的健康发展。内蒙古自治区饭店业自2010版星级标准实施以来，很大程度上提升了星级饭店的管理和服务水平，受到了业界和社会的普遍赞同。因此，内蒙古自治区饭店业的中高层管理人员应学懂弄通新标准，结合饭店自身的特点，保证星评标准，促进饭店标准化的发展。

（三）培育饭店品牌，推动企业做强做大

一个产业的品牌化、集团化水平是产业竞争力的重要体现。目前，内蒙古自治区饭店业品牌建设还比较落后，品牌的影响力和竞争力还不强。要想建设旅游强区，就必须有一批品牌旅游企业作支撑。内蒙古自治区旅游行业应加快饭店品牌的培育，推动饭店增强品牌意识，提升软实力。首先全行业要维护好星级饭店这个品牌。通过20多年的努力，星级饭店已经成为一个受到消费者及社会各方面广泛认可的品牌。旅游管理部门的星评和复核工作应做到严格标准，严格要求，才能确保星级饭店的质量。同时，要逐步完善星级饭店的退出机制，及时将不达标的饭店淘汰出星级饭店的队列，维护星级饭店良好的品牌形象。其次应加大对饭店集团的支持力度，扶持饭店集团品牌的发展。最后，行业管理部门要树立和推出一批不同星级、不同类型饭店学习的标杆，比如内蒙古饭店、国航大厦等这样的品牌饭店。同时还要采取多种形式，帮助和支持饭店的品牌创建工作。

（四）加快饭店人才培养，全面提升队伍素质

人才素质是饭店服务质量的重要保障。近年来，内蒙古自治区饭店业对人才的吸引力呈下降趋势，整个饭店业表现出人才供给不足、员工难招、人才难留。因此，饭店业应高度重视饭店人才建设问题，大力实施人才战略，以职业经理人队伍建设为重点，加快饭店经营管理人才、专业技术人才和服务技能人才的培养。

第一，饭店要改革薪酬体系，吸引更多的人才加入饭店行业。努力提高一线员工的工资水平，将员工的服务表现与荣誉和奖励挂钩，充分调动员工的工作积极性。第二，饭店要转变人才培养观念，把提升人才素质作为提升企业竞争力的重要手段。第三，建立完善的人才培养机制，加强人才规划；建立一套完善的培训体系，增强培训的对应性、实效性，针对不同层面的服务人员进行专业的培训，通过公平的人才竞争机制、科学的人才考核机制、可持续的人才发展机制推进饭店人力资源管理。

# 第二节　内蒙古自治区乡村旅游接待产业

## 一、内蒙古自治区乡村旅游接待产业发展

在内蒙古自治区种类繁多的旅游资源当中，草原因其面积大、类型多、景象壮美、知名度高而当之无愧地成为核心资源。草原旅游是内蒙古自治区开发最早的旅游类型，在这里可以开展观光和生态旅游，也可以组织各种草原民俗活动。由于草原景区离市区距离较远，因此旅游接待只能以当地农牧民接待为主，这就促进了内蒙古自治区乡村旅游产业的发展，乡村旅游接待也就成为内蒙古自治区草原景区的主要接待形式。近几年，随着乡村旅游的迅速发展，旅游者对于乡村旅游的接待设施和服务的要求也越来越高。内蒙古自治区旅游局为了规范乡村旅游接待户的建设和服务，促进乡村旅游的进一步发展，于2011年颁发了《内蒙古自治区乡村旅游接待户划分与评定标准》和《内蒙古自治区乡村旅游接待户星级评定管理办法》对乡村旅游接待户进行星级评定，这里所称的乡村旅游接待户是指利用农、牧、林区等自然景观和农村、牧区、林区的生产、生活等资源吸引旅游者，为旅游者提供特色餐饮、住宿、体验和享受农牧区环境和生活，以家庭户为经营主体。乡村旅游接待户的星级评定采取自愿原则，凡是在内蒙古自治区范围内，正式营业一年以上的乡村旅游接待户都可以申请参加乡村旅游接待户星级评定。乡村旅游接待户提交相关文件进行申请，申请下来后接受内蒙古自治区旅游局的监督检查，按照设施建设和服务情况，内蒙古自治区的乡村旅游接待户分为五个星级，五星级、四星级、三星级、二星级、一星级，以金色“☆”表示，一个金色“☆”表示一级，星级越高，表示乡村旅游接待户的设施建设和服务水平越高。达到相应星级标准的乡村旅游接待户由相应的评定旅游管理部门为其颁发内蒙古自治区旅游局统一制作的标牌、证书。

内蒙古自治区旅游局从可进入性、经营场地、接待设施、服务要求、安全要求和特色项目等6个方面对乡村旅游接待户的质量进行等级划分，创建了内蒙古自治区乡村旅游的品牌，保证了服务质量，加大了对乡村旅游的支持力度，同时也为旅游者的旅行提供了方便。

## 二、内蒙古自治区乡村旅游接待产业发展现状

### （一）乡村旅游接待户的数量规模

2014 年内蒙古自治区星级家庭旅游接待户总数为 381 户，比 2013 年增加 136 户，同比增长 55.5%。从不同等级星级家庭旅游接待户的数量规模及变化来看：五星级家庭旅游接待户增加了 13 户，同比增长 39.4%；四星级家庭旅游接待户增加了 19 户，同比增长 30.6%；三星级家庭旅游接待户增长幅度最大，增加了 100 户，同比增长 123.5%；二星级家庭旅游接待户增长幅度最小，仅增加了 4 户，同比增长 5.8%；目前还没有一星级家庭旅游接待户。

高等级的星级家庭旅游接待户所占比例相对较小，其中，五星级家庭旅游接待户占总数的 12.1%，四星级家庭旅游接待户占总数的 21.3%；中低档的星级家庭旅游接待户所占比重较大，其中，三星级家庭旅游接待户数量最多，为 181 户，占总数的 47.5%，见表 3-6。

**表 3-6　内蒙古自治区 2013 年与 2014 年星级家庭旅游接待户数量规模比较**

单位：户

| 地区 | 五星 | | 四星 | | 三星 | | 二星 | | 一星 | | 总数 | |
|---|---|---|---|---|---|---|---|---|---|---|---|---|
| | 2013 年 | 2014 年 | 2013 年 | 2014 年 | 2013 年 | 2014 年 | 2013 年 | 2014 年 | 2013 年 | 2014 年 | 2013 年 | 2014 年 |
| 全区 | 33 | 46 | 62 | 81 | 81 | 181 | 69 | 73 | 0 | 0 | 245 | 381 |
| 呼和浩特市 | 2 | 2 | 6 | 6 | 0 | 0 | 0 | 0 | 0 | 0 | 8 | 8 |
| 包头市 | 3 | 6 | 3 | 5 | 0 | 30 | 0 | 0 | 0 | 0 | 6 | 41 |
| 呼伦贝尔市 | 8 | 9 | 4 | 4 | 0 | 8 | 0 | 0 | 0 | 0 | 12 | 21 |
| 兴安盟 | 1 | 3 | 1 | 3 | 11 | 13 | 10 | 17 | 0 | 0 | 23 | 36 |
| 通辽市 | 1 | 2 | 4 | 6 | 2 | 6 | 4 | 3 | 0 | 0 | 11 | 17 |
| 赤峰市 | 1 | 1 | 1 | 5 | 1 | 19 | 0 | 0 | 0 | 0 | 3 | 25 |
| 锡林郭勒盟 | 2 | 2 | 7 | 9 | 11 | 42 | 44 | 36 | 0 | 0 | 72 | 89 |
| 乌兰察布市 | 4 | 6 | 5 | 7 | 1 | 8 | 0 | 0 | 0 | 0 | 10 | 21 |
| 鄂尔多斯市 | 4 | 7 | 7 | 9 | 5 | 9 | 0 | 0 | 0 | 0 | 16 | 25 |
| 巴彦淖尔市 | 4 | 5 | 13 | 14 | 26 | 26 | 0 | 0 | 0 | 0 | 43 | 45 |
| 乌海市 | 2 | 2 | 3 | 3 | 3 | 3 | 0 | 0 | 0 | 0 | 8 | 8 |
| 阿拉善盟 | 1 | 1 | 8 | 9 | 13 | 15 | 11 | 17 | 0 | 0 | 33 | 42 |
| 满洲里市 | 0 | 0 | 0 | 0 | 0 | 2 | 0 | 0 | 0 | 0 | 0 | 2 |
| 二连浩特市 | 0 | 0 | 0 | 1 | 0 | 0 | 0 | 0 | 0 | 0 | 0 | 1 |

（二）乡村旅游接待户的区域结构

从区域结构来看，星级家庭旅游接待户主要分布在农区、牧区面积较大的盟市中，其中，位居前三的锡林郭勒盟、巴彦淖尔市和阿拉善盟共计 176 户，占内蒙古自治区星级家庭旅游接待户总数的 46.2%。2014 年，除呼和浩特市和乌海市没有增加外，其他盟市的星级家庭旅游接待户均有增加，其中，赤峰市和包头市的增幅最大，分别为 733.3% 和 588.9%。五星级和四星级家庭旅游接待户在每个盟市都有分布，其中，呼伦贝尔市五星级家庭旅游接待户最多，巴彦淖尔市四星级家庭旅游接待户最多；除呼和浩特市没有三星级家庭旅游接待户外，其余盟市均有该等级家庭旅游接待户，其中，锡林郭勒盟三星级家庭旅游接待户最多；二星级家庭旅游接待户相对较少，只有兴安盟、通辽市、锡林郭勒盟和阿拉善盟 4 个盟市有少量分布。呼和浩特市、乌海市、呼伦贝尔市、乌兰察布市和鄂尔多斯市的高星级家庭旅游接待户所占比例较高，都在 50% 以上，锡林郭勒盟的星级家庭旅游接待户虽然总数最多，但是大部分为中低档次，高星级家庭旅游接待户只占总数的 12.4%。高星级家庭旅游接待户在各个盟市的增加数量和增幅并不是非常显著，但是三星级家庭旅游接待户却呈加速增长态势，其中，包头市、呼伦贝尔市、赤峰市和锡林郭勒盟这 4 个盟市增幅最大，见表 3－2。

## 三、内蒙古自治区乡村旅游接待产业发展趋势

2015 年“中央一号”文件《关于加大改革创新力度加快农业现代化建设的若干意见》中提到，要积极开发农业多种功能，其中重点提出发展特色乡村旅游，包括挖掘乡村生态休闲、旅游观光、文化教育价值；扶持建设一批具有历史、地域、民族特点的特色景观旅游村镇，打造形式多样、特色鲜明的乡村旅游休闲产品；加大对乡村旅游休闲基础设施建设的投入，增强线上线下营销能力，提高管理水平和服务质量；研究制定促进乡村旅游休闲发展的用地、财政、金融等扶持政策，落实税收优惠政策等。国家除了给乡村旅游经济和技术的支持外，还制定了对乡村旅游开发倾向性的政策，再加上城市居民回归自然、返璞归真的心理需求，使得近几年我国乡村旅游发展迅速。淳朴、自然、丰富的乡村旅游资源是内蒙古自治区发展乡村旅游的最大优势，这就为内蒙古自治区乡村旅游接待产业的发展提供了契机。内蒙古自治区乡村旅游接待产业模式多种多样，主要是以“农家乐”和“牧家乐”为主，高档次乡村旅游接待户发展相对缓慢，针对大众消费的中档次乡村旅游接待户发展迅速且潜力巨大。内蒙古自治区乡村旅游接待产业的服务种类趋于多样化发展，不只提供住宿和餐饮服务，还为旅游者提供休闲娱乐、生态观光、康体健身、生活体验等多项服务。

## 四、内蒙古自治区乡村旅游接待产业发展对策

### （一）行政管理部门应加强规划管理，加强配套建设

内蒙古自治区乡村旅游接待产业是伴随着社会经济的发展和人们生活水平的提高而逐步发展起来的，产业发展需要好的规划管理，内蒙古自治区行政管理部门应抓住新农村建设规划这一契机，适应内蒙古大旅游、大发展的思路，依托丰富的自然旅游资源，发挥地缘优势，以乡村旅游市场需求为导向，对乡村旅游接待产业进行全面的规划设计，引导乡村旅游接待户科学理性投资。

目前，在内蒙古自治区内还有许多乡村旅游接待户由于投资不足，还存在乡村道路不畅通、通信设施不完备、垃圾处理不得当等许多问题，政府部门应加强配套建设，推动乡村旅游接待产业的发展。

### （二）挖掘地方特色，谋求共赢

内蒙古自治区乡村旅游接待产业发展不能盲目跟风，要保持当地特色，创造优美的环境，提高便利优质的服务，挖掘所在旅游区的传统文化和民俗文化，赋予自身文化内涵，提升其品位和档次，特色鲜明才具有市场竞争力。

乡村旅游接待产业应与当地旅游景区合作，实现资源共享、线路相通、市场共分、客源互送，达到共同发展，共同赢利的效果。另外，还应充分利用新农村建设资金、扶贫资金、农业综合开发资金等资金的经费支持。

### （三）规范管理，提升从业人员素质

内蒙古自治区乡村旅游接待产业应采取有效的措施来规范管理，通过精品的打造和品牌的塑造来实现可持续发展。加强乡村旅游接待管理人员和从业农户的业务培训，提高经营水平和服务质量。通过培训，使农牧民认识到他们是乡村旅游的最大受益者，增强他们的环保意识，提高整体的接待水平，强化服务意识，从而推动乡村旅游接待产业的发展。

# 第四章 内蒙古自治区旅行社业发展

## 第一节　内蒙古自治区旅行社业基本情况

### 一、行业规模

截至 2014 年底，内蒙古自治区旅行社总数为 897 家，占全国旅行社总数的 3.33%，比 2013 年增加了 18 家，同比增长 2.0%，其中经营出境旅游业务的旅行社 59 家，经营赴台旅游业务的旅行社 6 家。

通过分析 12 个盟市及 2 个副地级市旅行社数量在内蒙古自治区的比重，可以得出：呼和浩特市、呼伦贝尔市、包头市、鄂尔多斯市和赤峰市旅行社数量相对较多，在全区的百分比都达到了 7% 以上（见图 4-1）。

截至 2014 年底，内蒙古自治区旅行社总资产 11.01 亿元，比 2013 年增加了 1.96 亿元，同比增长 21.7%，其中，负债 5.88 亿元，比 2013 年增加了 2.23 亿元，同比增长 61.1%；所有者权益 5.12 亿元，比 2013 年减少了 0.27 亿元，同比下降 5.0%。

截至 2014 年底，内蒙古自治区旅行社全部从业人员为 6256 人，比 2013 年增加了 1089 人，其中，大专以上学历人数为 5020 人，比 2013 年增加了 740 人。

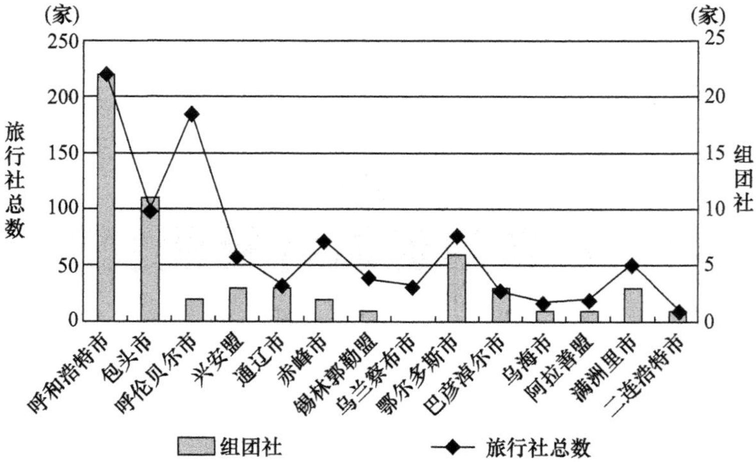


**图4-1　2014年内蒙古自治区旅行社分布情况**

## 二、经营规模和效益

截至2014年底，内蒙古自治区旅行社营业收入17.59亿元，比2013年增加了1.09亿元，同比增长6.63%；平均营业收入为196万元，同比增长4.73%，其中达到平均水平的有496家，占旅行社总数的55.30%。营业成本15.69亿元，比2013年增加了1.12亿元；营业利润0.14亿元，比2013年减少了0.05亿元。

截至2014年底，内蒙古自治区旅行社旅游业务营业收入17.44亿元，比2013年增加了1.10亿元，同比增加6.7%。同时，旅行社旅游业务营业收入占营业收入的99.13%，比2013年增加了6.72%。

截至2014年底，内蒙古自治区旅行社毛利润为1.51亿元，比2013年增加了0.15亿元，同比增长10.69%；平均毛利润为16.8万元，同比增长8.72%；其中达到平均水平的有163家，占旅行社总数的18.17%。旅行社旅游业务毛利率为8.68%，比2013年增加了0.31%。

截至2014年底，内蒙古自治区旅行社缴纳营业税金及附加0.12亿元，比2013年减少了0.03亿元，同比减少18.32%；平均营业税金及附加为1.3万元，同比减少19.77%，其中达到平均水平的有139家，占旅行社总数的15.50%。所得税0.05亿元，比2013年减少了0.004亿元。两项之和为0.18亿元，比2013年减少了0.032亿元。

## 三、旅游业务分项

### （一）组织接待情况

1. 国内旅游市场

截至2014年底，内蒙古自治区旅行社组织国内旅游46.89万人次、219.42万人天，比2013年减少0.29万人次、25.27万人天；接待157.33万人次、378.84万人天，比2013年增加83.00万人次、136.75万人天（见表4-1）。

**表4-1　2014年内蒙古自治区各盟市旅行社组织接待国内旅游者情况**

| 地区 | 组织人次 | 接待人次 | 组织人天 | 接待人天 |
|---|---|---|---|---|
| 呼和浩特市 | 192659 | 258004 | 798308 | 820458 |
| 包头市 | 114586 | 62004 | 641360 | 163806 |
| 呼伦贝尔市 | 3721 | 250438 | 21885 | 859324 |
| 兴安盟 | 5648 | 21038 | 32116 | 64085 |
| 通辽市 | 31494 | 34391 | 123097 | 83941 |
| 赤峰市 | 35347 | 61489 | 191702 | 182878 |
| 锡林郭勒盟 | 10180 | 24482 | 51416 | 73225 |
| 乌兰察布市 | 11791 | 723283 | 64633 | 1188108 |
| 鄂尔多斯市 | 20122 | 30135 | 91544 | 61844 |
| 巴彦淖尔市 | 10766 | 3544 | 57530 | 7740 |
| 乌海市 | 11416 | 730 | 68189 | 764 |
| 阿拉善盟 | 4273 | 10610 | 30593 | 45223 |
| 满洲里市 | 4451 | 65054 | 8024 | 203204 |
| 二连浩特市 | 12447 | 28072 | 13758 | 33779 |

组织接待旅游者人次排名在前10名的旅行社分别是乌兰察布市集宁鑫刚皮革文化旅行社有限公司、额尔古纳市莫尔道嘎白鹿岛旅行社有限责任公司、内蒙古自治区众信国际旅行社有限责任公司、内蒙古自治区中友国际旅行社有限公司、二连浩特市中国青年旅行社有限责任公司、内蒙古自治区中商旅行社有限责任公司、内蒙古自治区大漠风光旅行社有限责任公司、内蒙古自治区新世纪康辉国际旅行社有限责任公司、内蒙古自治区金旅假日旅行社有限责任公司、通辽市科尔沁旅行社有限责任公司。组织接待旅游者人次排名前10位的旅行社中属于呼和浩特市的旅行社就有6家。由此可见，呼和浩特市作为内蒙古自治区的首府

城市，内蒙古自治区最大的旅游集散地，旅游客流量大，旅游组织接待的规模大、能力强。具体组织接待人次见表4－2。

**表4－2 2014年内蒙古自治区国内组织接待旅游者人次排名前10位的旅行社**

| 旅行社名称 | 组织人次 | 接待人次 |
|---|---|---|
| 乌兰察布市集宁鑫刚皮革文化旅行社有限公司 | 940 | 716564 |
| 额尔古纳市莫尔道嘎白鹿岛旅行社有限责任公司 | 0 | 77260 |
| 内蒙古自治区众信国际旅行社有限责任公司 | 9440 | 28514 |
| 内蒙古自治区中友国际旅行社有限公司 | 14660 | 20615 |
| 二连浩特市中国青年旅行社有限责任公司 | 11008 | 16661 |
| 内蒙古自治区中商旅行社有限责任公司 | 11491 | 14057 |
| 内蒙古自治区大漠风光旅行社有限责任公司 | 15125 | 10406 |
| 内蒙古自治区新世纪康辉国际旅行社有限责任公司 | 23781 | 955 |
| 内蒙古自治区金旅假日旅行社有限责任公司 | 2135 | 20758 |
| 通辽市科尔沁旅行社有限责任公司 | 8595 | 11952 |

组织接待旅游者人天排名在前10名的旅行社分别是乌兰察布市集宁鑫刚皮革文化旅行社有限公司、内蒙古自治区大漠风光旅行社有限责任公司、额尔古纳市莫尔道嘎白鹿岛旅行社有限责任公司、包头市山水国际旅行社有限公司、内蒙古中友国际旅行社有限责任公司、内蒙古中商旅行社有限责任公司、内蒙古中国国际旅行社有限责任公司、呼伦贝尔国泰旅行社、内蒙古众信国际旅行社有限责任公司、赤峰领航国际旅行社有限责任公司。具体组织接待人次见表4－3。

**表4－3 2014年内蒙古自治区国内组织接待旅游者人天排名前10位的旅行社**

| 旅行社名称 | 组织人天 | 接待人天 |
|---|---|---|
| 乌兰察布市集宁鑫刚皮革文化旅行社有限公司 | 7406 | 1166650 |
| 内蒙古自治区大漠风光旅行社有限责任公司 | 105875 | 72842 |
| 额尔古纳市莫尔道嘎白鹿岛旅行社有限责任公司 | 0 | 154421 |
| 包头市山水国际旅行社有限公司 | 128500 | 11301 |
| 内蒙古中友国际旅行社有限责任公司 | 52485 | 49826 |
| 内蒙古中商旅行社有限责任公司 | 42420 | 53923 |
| 内蒙古中国国际旅行社有限责任公司 | 67326 | 19110 |

续表

| 旅行社名称 | 组织人天 | 接待人天 |
| --- | --- | --- |
| 呼伦贝尔国泰旅行社 | 2376 | 74679 |
| 内蒙古自治区众信国际旅行社有限责任公司 | 19194 | 52589 |
| 赤峰领航国际旅行社有限责任公司 | 56270 | 14450 |

2. 入境旅游市场

截至2014年底，内蒙古自治区由旅行社经营的入境旅游外联15.74万人次、37.66万人天，比2013年减少7.40万人次、15.24万人天；接待18.74万人次、48.53万人天，比2013年减少6.44万人次、14.39万人天。

内蒙古自治区旅行社入境旅游外联人次排名前10位的国家和地区分别是俄罗斯、中国香港、韩国、蒙古国、英国、法国、新加坡、德国、意大利、马来西亚（见表4－4）。

**表4－4 2014年内蒙古自治区旅行社入境旅游外联人次按地区排名**

| 入境国家（地区） | 入境旅游外联人次 |
| --- | --- |
| 俄罗斯 | 153345 |
| 中国香港 | 2237 |
| 韩国 | 319 |
| 蒙古国 | 218 |
| 英国 | 186 |
| 法国 | 178 |
| 新加坡 | 177 |
| 德国 | 167 |
| 意大利 | 162 |
| 马来西亚 | 130 |

内蒙古自治区旅行社入境旅游接待人次排名前10位的国家和地区分别是俄罗斯、中国台湾、中国香港、中国澳门、韩国、日本、英国、蒙古国、马来西亚、德国（见表4－5）。

表 4－5　2014 年内蒙古自治区旅行社入境旅游接待人次按地区排名

| 入境国家（地区） | 入境旅游接待人次 |
| --- | --- |
| 俄罗斯 | 164063 |
| 中国台湾 | 10779 |
| 中国香港 | 3171 |
| 中国澳门 | 1791 |
| 韩国 | 1541 |
| 日本 | 1102 |
| 英国 | 931 |
| 蒙古国 | 744 |
| 马来西亚 | 553 |
| 德国 | 492 |

内蒙古自治区旅行社入境旅游外联人次排名前 10 位的旅行社分别是满洲里口岸国际旅行社有限责任公司、满洲里华夏国际旅行社有限公司、满洲里中国国际旅行社、满洲里边城明珠国际旅行社有限公司、满洲里市草原风情旅行社有限公司、满洲里扎赉诺尔金桥国际旅行社有限公司、满洲里晨光旅行社有限公司、满洲里蓝天国际旅行社有限公司、满洲里中国旅行社有限责任公司、内蒙古同源国际旅行社有限责任公司。入境外联人次排名前 10 位的旅行社中除第 10 位的内蒙古同源国际旅行社有限责任公司是呼和浩特市的旅行社外，其余 9 家旅行社均为满洲里市的旅行社，由此可见，内蒙古自治区入境外联旅游者中以边境游为主。具体外联人次见表 4－6。

表 4－6　2014 年内蒙古自治区入境外联人次的旅行社排名

| 旅行社名称 | 外联人次 |
| --- | --- |
| 满洲里口岸国际旅行社有限责任公司 | 34681 |
| 满洲里华夏国际旅行社有限公司 | 28595 |
| 满洲里中国国际旅行社 | 28531 |
| 满洲里边城明珠国际旅行社有限公司 | 16393 |
| 满洲里市草原风情旅行社有限公司 | 11393 |
| 满洲里扎赉诺尔金桥国际旅行社有限公司 | 11185 |
| 满洲里晨光旅行社有限公司 | 9027 |
| 满洲里蓝天国际旅行社有限公司 | 8666 |
| 满洲里中国旅行社有限责任公司 | 3160 |
| 内蒙古同源国际旅行社有限责任公司 | 2632 |

内蒙古自治区旅行社入境旅游接待人次排名前10位的旅行社分别是满洲里口岸国际旅行社有限责任公司、满洲里华夏国际旅行社有限公司、满洲里中国国际旅行社、满洲里边城明珠国际旅行社有限公司、满洲里市草原风情旅行社有限公司、满洲里扎赉诺尔金桥国际旅行社有限公司、满洲里晨光旅行社有限公司、满洲里蓝天国际旅行社有限公司、内蒙古众信国际旅行社有限责任公司、内蒙古绿野国际旅行社有限责任公司。入境接待人次排名前10位的旅行社中除第9位、第10位是呼和浩特市的旅行社外，其余8家旅行社也均为满洲里市的旅行社。具体接待人次见表4－7。

**表4－7　2014年内蒙古自治区入境接待人次的旅行社排名**

| 旅行社名称 | 外联人次 |
|---|---|
| 满洲里口岸国际旅行社有限责任公司 | 34681 |
| 满洲里华夏国际旅行社有限公司 | 28595 |
| 满洲里中国国际旅行社 | 28531 |
| 满洲里边城明珠国际旅行社有限公司 | 21448 |
| 满洲里市草原风情旅行社有限公司 | 14554 |
| 满洲里扎赉诺尔金桥国际旅行社有限公司 | 11185 |
| 满洲里晨光旅行社有限公司 | 9027 |
| 满洲里蓝天国际旅行社有限公司 | 8666 |
| 内蒙古众信国际旅行社有限责任公司 | 4833 |
| 内蒙古绿野国际旅行社有限责任公司 | 4364 |

3. 出境旅游市场

截至2014年底，内蒙古自治区旅行社组织出境旅游者9.64万人次、64.44万人天，比2013年增加2.16万人次、16.64万人天。

出境人次按目的地国家或地区排名前10位的分别是中国台湾、中国香港、韩国、中国澳门、泰国、俄罗斯、日本、澳大利亚、德国、法国。具体出境游人次见表4－8。

**表4－8　2014年内蒙古自治区出境人次排名前10位的目的地国家或地区**

| 出境游目的地 | 出境游人次 |
|---|---|
| 中国台湾 | 44609 |
| 中国香港 | 15476 |

续表

| 出境游目的地 | 出境游人次 |
| --- | --- |
| 韩国 | 14067 |
| 中国澳门 | 6430 |
| 泰国 | 3794 |
| 俄罗斯 | 2035 |
| 日本 | 1020 |
| 澳大利亚 | 939 |
| 德国 | 916 |
| 法国 | 798 |

按组织出境游的人天排序，位于前10位的旅行社分别是内蒙古新世纪康辉国际旅行社有限责任公司、呼伦贝尔市经典假日国际旅行社、内蒙古五洲国际旅行社有限责任公司、内蒙古中国旅行社有限责任公司、内蒙古春秋国际旅行社有限公司、赤峰国际旅行社有限公司、内蒙古中国国际旅行社有限责任公司、包头世纪国际旅行社有限公司、内蒙古同源国际旅行社有限责任公司、包头春秋国际旅行社有限责任公司。出境游前10位的旅行社中有6家旅行社属于呼和浩特市。具体组织人天数见表4-9。

**表4-9　2014年内蒙古自治区出境游人天数前10位的旅行社**

| 旅行社名称 | 组织人天数 |
| --- | --- |
| 内蒙古新世纪康辉国际旅行社有限责任公司 | 95170 |
| 呼伦贝尔市经典假日国际旅行社 | 81948 |
| 内蒙古五洲国际旅行社有限责任公司 | 77717 |
| 内蒙古中国旅行社有限责任公司 | 72966 |
| 内蒙古春秋国际旅行社有限公司 | 71901 |
| 赤峰国际旅行社有限公司 | 38041 |
| 内蒙古中国国际旅行社有限责任公司 | 27178 |
| 包头世纪国际旅行社有限公司 | 24630 |
| 内蒙古同源国际旅行社有限责任公司 | 24515 |
| 包头春秋国际旅行社有限责任公司 | 17002 |

截至2014年底，在内蒙古自治区14个地级市和副地级市中，呼和浩特市具

有出境资格的组团社数量最多，因此，呼和浩特市的旅行社组织出境游人天数最多，出境人天数为426663人天，是其他13个盟市总和人天数的1倍还要多，其次是呼伦贝尔市和包头市，乌兰察布市、乌海市和二连浩特市3市没有通过旅行社出境的游客。见表4－10。

**表4－10　2014年内蒙古自治区经由旅行社的出境游人天数（按地区排名）**

| 地区 | 出境人天数 |
|---|---|
| 呼和浩特市 | 426663 |
| 呼伦贝尔市 | 82081 |
| 包头市 | 50922 |
| 赤峰市 | 48597 |
| 通辽市 | 11356 |
| 兴安盟 | 7459 |
| 鄂尔多斯市 | 4971 |
| 巴彦淖尔市 | 2719 |
| 阿拉善盟 | 351 |
| 锡林郭勒盟 | 36 |
| 乌兰察布市 | 0 |
| 乌海市 | 0 |
| 满洲里市 | 9268 |
| 二连浩特市 | 0 |

4. 国内旅游、入境旅游、出境旅游比较

截至2014年底，内蒙古自治区旅行社组织接待国内旅游者2042175人次，占旅行社组织接待总人次的82%；组织接待入境344727人次，占旅行社组织接待总人次的14%；组织出境旅游者96359人次，占旅行社组织接待总人次的4%（见图4－2）。

截至2014年底，内蒙古自治区旅行社组织接待国内旅游者5982534人天，占旅行社组织接待总人次的80%；组织接待入境861934人天，占旅行社组织接待总人天的11%；组织出境旅游者644423人天，占旅行社组织接待总人天的9%。

（二）经营效益

截至2014年底，内蒙古自治区旅行社国内旅游业务营业收入为12.02亿元，比2013年减少了0.003亿元，占旅游业务营业收入总量的68.93%；入境旅游业务营业收入为0.80亿元，比2013年减少了0.25亿元，占旅游业务营业收入总量的4.61%；出境旅游业务营业收入为4.61亿元，比2013年增加了1.35亿元，占旅游业务营业收入总量的26.46%（见图4－2）。

截至2014年底，内蒙古自治区旅行社国内旅游业务毛利润为1.05亿元，比2013年增加了0.12亿元，占旅游业务毛利润总额的69.66%；入境旅游业务毛利润为0.12亿元，比2013年减少了0.04亿元，占旅游业务毛利润总额的7.71%；出境旅游业务毛利润为0.34亿元，比2013年增加了0.06亿元，占旅游业务毛利润总额的22.62%。国内旅游业务毛利率为8.77%，入境旅游业务毛利率为14.50%，出境旅游业务毛利率为7.42%（见图4－2）。

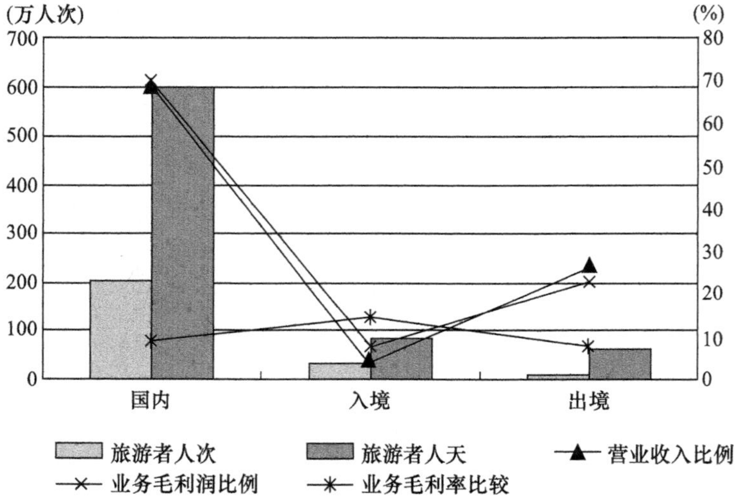


**图4－2　2014年内蒙古自治区旅行社组织、接待国内、入境、出境旅游者人次比较及经营效益**

## 四、区域结构

从旅行社数量来看，呼和浩特市、呼伦贝尔市和包头市近几年来一直保持内蒙古自治区旅行社数量的前三甲，三地旅行社总数占内蒙古自治区旅行社总数的54.85%。截至2014年底，内蒙古自治区具有出境游资质的旅行社共59家，占内蒙古自治区旅行社总数的6.6%，其中，呼和浩特市数量最多共22家，包头市和鄂尔多斯市的数量位居第二、第三，三地组团社数量占内蒙古自治区组团社总数的 66.1%，12 个盟市中只有乌兰察布市没有具有出境游资质的旅行社；边境旅行社只在呼伦贝尔市、兴安盟、锡林郭勒盟、满洲里市和二连浩特市 5 市有分布，共计 34 家，占内蒙古自治区旅行社总数的 3.8%；台湾组团社 6 家，呼和浩特市 4 家，呼伦贝尔市和赤峰市各 1 家；除阿拉善盟、满洲里市和二连浩特市没有旅行社分社外，其他盟市均有旅行社分社分布，共计 188 家，其中，呼和浩特市的旅行社分社数量最多，达 55 家。见表 4－11。

**表 4－11　2014 年内蒙古自治区旅行社数量**

单位：家

| 地区 | 旅行社总数 | 组团社 | 边境社 | 中国台湾地区组团社 | 旅行社分社 |
|---|---|---|---|---|---|
| 呼和浩特市 | 217 | 22 | 0 | 4 | 55 |
| 包头市 | 93 | 11 | 0 | 0 | 4 |
| 呼伦贝尔市 | 182 | 2 | 6 | 1 | 27 |
| 兴安盟 | 56 | 3 | 5 | 0 | 8 |
| 通辽市 | 28 | 3 | 0 | 0 | 14 |
| 赤峰市 | 69 | 2 | 0 | 1 | 4 |
| 锡林郭勒盟 | 37 | 1 | 3 | 0 | 9 |
| 乌兰察布市 | 30 | 0 | 0 | 0 | 19 |
| 鄂尔多斯市 | 74 | 6 | 0 | 0 | 19 |
| 巴彦淖尔市 | 24 | 3 | 0 | 0 | 23 |
| 乌海市 | 15 | 1 | 0 | 0 | 6 |
| 阿拉善盟 | 17 | 1 | 0 | 0 | 0 |
| 满洲里市 | 49 | 3 | 16 | 0 | 0 |
| 二连浩特市 | 6 | 1 | 4 | 0 | 0 |
| 合计 | 897 | 59 | 34 | 6 | 188 |

内蒙古自治区旅行社的分布主要集中在经济较发达、旅游资源较丰富且旅游景区知名度较高的盟市，其他盟市旅行社相对较少（见图 4－3）。

截至 2014 年底，内蒙古自治区旅行社旅游业务营业收入排名前五的盟市分别是呼和浩特市、呼伦贝尔市、包头市、满洲里市和赤峰市，上述 5 个盟市的旅游业务营业收入占内蒙古自治区的 87.84%，其中，呼和浩特市的营业收入就占到内蒙古自治区的 44%（见表 4－12 和图 4－4）。

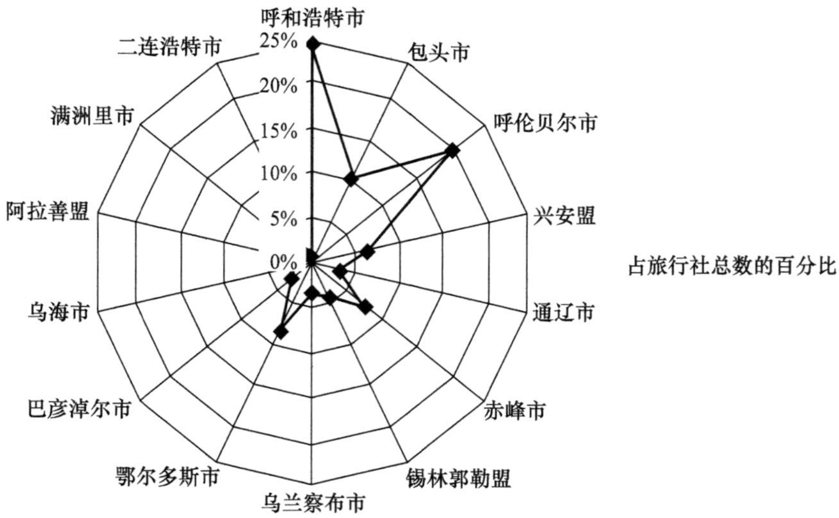


图 4－3　2014 年内蒙古自治区旅行社数量地区比例

表 4－12　2014 年内蒙古自治区旅行社旅游业务营业收入情况

单位：千元

| 地区 | 旅游业务营业收入 |
|---|---|
| 呼和浩特市 | 771866. 4 |
| 包头市 | 227113. 4 |
| 呼伦贝尔市 | 369994. 6 |
| 兴安盟 | 32492. 1 |
| 通辽市 | 39546. 7 |
| 赤峰市 | 76829. 2 |
| 锡林郭勒盟 | 16983 |
| 乌兰察布市 | 14085 |
| 鄂尔多斯市 | 52224. 5 |
| 巴彦淖尔市 | 23029. 4 |
| 乌海市 | 22800. 7 |
| 阿拉善盟 | 5510. 4 |
| 满洲里市 | 85886. 7 |
| 二连浩特市 | 5327. 6 |
| 合计 | 1743689. 7 |

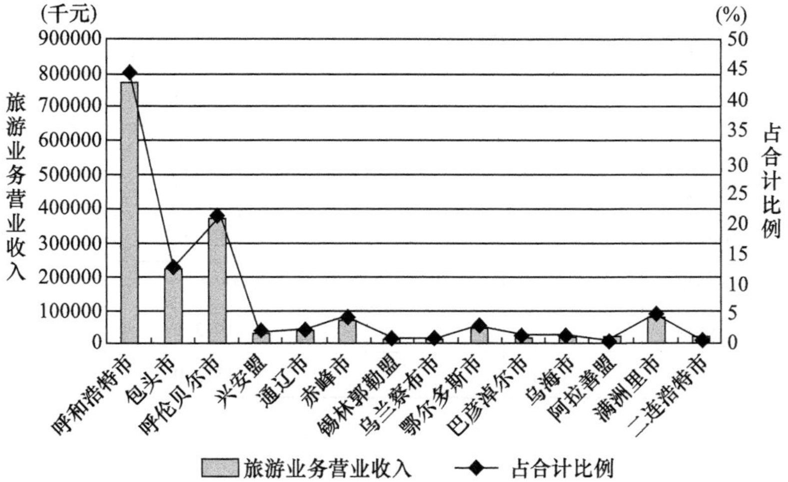


**图 4-4 2014 年内蒙古自治区旅行社营业收入各地区分布情况**

内蒙古自治区旅行社旅游业务营业收入排名前 5 位的旅行社分别是内蒙古自治区新世纪康辉国际旅行社有限责任公司、内蒙古自治区五洲国际旅行社有限责任公司、呼伦贝尔市经典假日国际旅行社、内蒙古自治区中国旅行社有限责任公司、内蒙古自治区春秋国际旅行社有限公司。

截至 2014 年底，内蒙古自治区旅行社旅游业务毛利润排名前 5 位的盟市分别是呼和浩特市、呼伦贝尔市、包头市、满洲里市、鄂尔多斯市，上述 5 个盟市的旅游业务毛利润占内蒙古自治区的 85. 17%，其中，呼和浩特市的旅游业务毛利润占内蒙古自治区的 40%（见表 4-13 和图 4-5）。

**表 4-13 2014 年内蒙古自治区旅行社旅游业务毛利润情况**

单位：千元

| 地区 | 旅游业务毛利润 |
|---|---|
| 呼和浩特市 | 61117. 1 |
| 包头市 | 20444. 8 |
| 呼伦贝尔市 | 23919. 4 |
| 兴安盟 | 3221. 4 |
| 通辽市 | 4517. 4 |
| 赤峰市 | 5596. 3 |
| 锡林郭勒盟 | 1968. 7 |
| 乌兰察布市 | 1711 |

续表

| 地区 | 旅游业务毛利润 |
|---|---|
| 鄂尔多斯市 | 7547.7 |
| 巴彦淖尔市 | 2293.9 |
| 乌海市 | 1963.7 |
| 阿拉善盟 | 382.6 |
| 满洲里市 | 15831.1 |
| 二连浩特市 | 1043.9 |
| 合计 | 151559 |

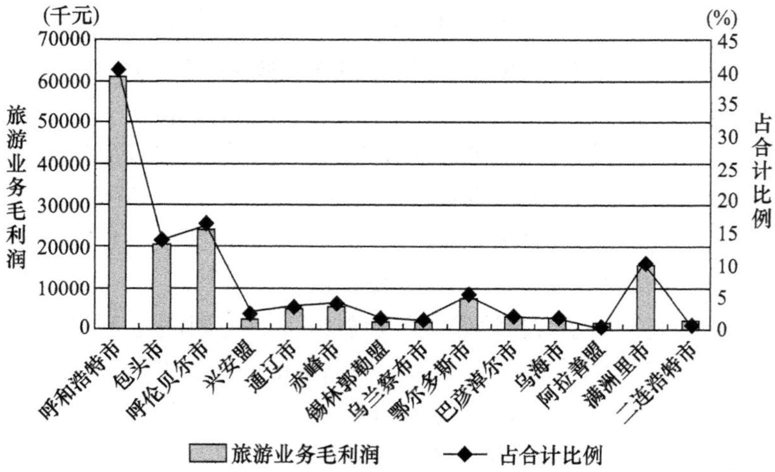


**图 4-5　2014 年内蒙古自治区旅行社毛利润各地区分布情况**

截至 2014 年底，内蒙古自治区旅行社旅游业务实缴税金（营业税金及附加与企业所得税之和）排名前五的盟市分别是呼和浩特市、满洲里、呼伦贝尔市、包头市、鄂尔多斯市。上述 5 个盟市的实缴税金占内蒙古自治区的 85.21%，其中，呼和浩特市和满洲里市两市旅游业务毛利润占内蒙古自治区的 55.7%（见表 4-14 和图 4-6）。

内蒙古自治区旅行社旅游业务实缴税金排名前五的旅行社分别是满洲里口岸国际旅行社有限责任公司、内蒙古自治区中国旅行社有限责任公司、满洲里华夏国际旅行社有限公司、内蒙古自治区大漠风光旅行社有限责任公司、额尔古纳白鹿岛旅行社。

表 4－14　2014 年内蒙古自治区旅行社旅游业务实缴税金情况

单位：千元

| 地区 | 旅游业务实缴税金 |
|---|---|
| 呼和浩特市 | 6008.6 |
| 包头市 | 1756.1 |
| 呼伦贝尔市 | 2431 |
| 兴安盟 | 438.4 |
| 通辽市 | 75.8 |
| 赤峰市 | 684 |
| 锡林郭勒盟 | 178.6 |
| 乌兰察布市 | 464.6 |
| 鄂尔多斯市 | 982.4 |
| 巴彦淖尔市 | 305.4 |
| 乌海市 | 203.6 |
| 阿拉善盟 | 31.8 |
| 满洲里市 | 3764.2 |
| 二连浩特市 | 211 |
| 合计 | 17535.5 |

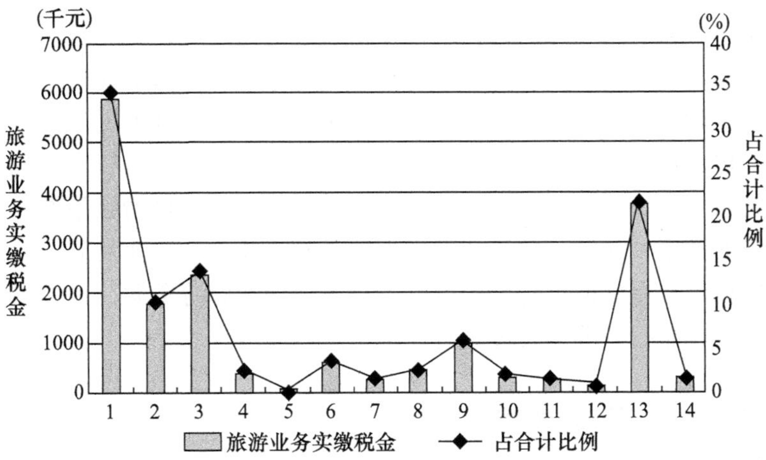


图 4－6　2014 年内蒙古自治区旅行社实缴税金各地区分布情况

内蒙古自治区综合实力排前5位的旅行社分别是内蒙古自治区新世纪康辉国际旅行社有限责任公司、包头市中旅旅行社有限责任公司、内蒙古自治区中国旅行社有限责任公司、内蒙古自治区天翼旅行社有限责任公司、内蒙古自治区大漠风光旅行社有限责任公司。

## 第二节　内蒙古自治区旅行社发展特征

### 一、区域格局相对稳定

分析2014年内蒙古自治区旅行社业的相关数据，旅行社规模持续发展，但是地区差异比较显著。从旅行社的数量、组织接待人次等主要指标来看，呼和浩特市旅行社业占据绝对优势和地位，其次是呼伦贝尔市和包头市。旅行社集中地区经济较发达，旅游资源丰富，客源市场广阔，旅游业发展较早。呼和浩特市作为内蒙古自治区的首府城市，是内蒙古自治区的经济、文化、政治、科教和金融中心，呼包银城市群的核心城市，呼包鄂经济圈的中心城市，地处环渤海经济圈、西部大开发、振兴东北老工业基地三大战略交会处，国家"一带一路"战略中重要的节点城市，地理位置优越，交通便利，同时也是内蒙古自治区最大的旅游集散地，自然旅游资源与人文旅游资源丰富，吃、住、行、游、购、娱的条件成熟，旅游业发展迅速，因此为旅行社业发展提供了良好的基础和条件。呼伦贝尔市位于内蒙古自治区东北部，与俄罗斯和蒙古国接壤，拥有我国对俄罗斯最大的陆路口岸，旅游资源独特，区位良好，再加上政府对旅游业的高度重视，使呼伦贝尔市旅游业成为国民经济中发展最迅速的产业，客观上促进了当地旅行社业的发展。包头市是内蒙古自治区最大的工业城市，与呼和浩特市相邻，地理位置优越，是西北和华北地区重要的枢纽城市，也是内蒙古自治区旅游业发展较早和发展较快的城市，旅游业的迅速发展带动了旅行社业的快速发展。其他盟市旅行社业发展相对缓慢，但是每个盟市都有自己独特的旅游资源，加上国家对旅游业的政策支持，旅行社业的发展具有一定的发展潜力。

### 二、国民旅游蓬勃发展

在内蒙古自治区旅游业发展的初期阶段，市场需求主体是来蒙入境的境外旅游者。随着国民旅游的迅速发展，三大旅游市场总体上呈现入境旅游份额降低、国内旅游和出境旅游加速增长的格局。2014 年，内蒙古自治区旅行社业中国内旅游占据一半以上的市场份额，组织接待游客数量和营业收入都呈现上升态势。入境旅游受到金融危机的持续影响，增长速度一直放缓。国内旅游价格的上扬，黄金周国内景点爆满，人们生活质量的提高等原因使人们将目光投向了出境游。内蒙古自治区开通了港澳、台湾、普吉岛、济州岛的直航航班，节约了时间，也免去了中转、等待的麻烦，大大方便了居民的出境旅游，因此近几年内蒙古自治区的出境旅游呈现爆发式增长，出游人数和营业收入增幅显著。另外，台湾游成为居民出境游的新热点，尤其受到中老年人的青睐。市场决定企业，随着旅游市场格局的改变，旅行社也一改传统的“入境、团队、观光、包价”的经营内容，在国民旅游需求增长和市场竞争的双重作用下，旅行社的发展战略、日常经营和职能管理都处于变革进程中。

## 三、环境公平、市场开放

无论是国内旅游，还是出入境旅游市场，随着信息技术的进步和发展，旅游者通过旅行社完成旅游消费的人数都将呈现下降趋势。2010 年国家旅游行政主管部门颁布实施了《关于试行旅行社委托代理招徕旅游者业务有关事项的通知》，使互为代理和特许经营商业模式在旅行社的商业实践中成为可能，有利于扩大有效市场的总体规模。旅游“自由行”对旅行社运作模式的影响包括扩大了旅游市场基础和降低旅游者对传统旅行社的依赖。政府对旅行社的准入制度趋于放松，开放的市场环境和公平的制度环境，使旅行社只有通过为客户提供更好的服务才能获得市场竞争优势。

开放的同时，政府加大对旅游服务品质的监管，内蒙古旅游局质量监管部门开始为旅行社保障游客权益方面做出了更多的努力，陆续出台了《内蒙古自治区旅游条例》《内蒙古自治区旅游局关于加强导游员队伍建设的指导意见》等政策法规，保证旅游者拥有一个可以放心消费的旅游市场。

## 四、信息化强势推进

以互联网为代表的现代科技已经开始改变内蒙古自治区的旅游市场，呈现出三个显著的趋势：游客散客化、需求个性化、营销智能化。旅游产业面临转型，传统旅行社和在线旅游运营商都需要通过竞争和合作来拓宽生存空间。面对国内众多旅游网站的竞争，内蒙古自治区的许多传统旅行社开始大胆尝试线上线下旅游产品融合，除了门店营销渠道外，还利用手机APP、微信、微博等全新网络工具进行产品的推广，并拓宽自己的旅游产品销售渠道，包括到超市、社区、高速公路服务区等区域进行营销。

## 第三节 内蒙古自治区旅行社业发展趋势

### 一、以国民旅游市场为重心

旅行社的本质是为旅游者的出行提供方便，首要任务是满足旅游者的旅行需求。随着国民经济的持续增长，城乡居民收入的增加，人民群众的旅游消费需求也将大幅度增长，国民旅游市场所占份额将越来越大。从旅游总人次和旅游消费总量来看，内蒙古自治区旅行社所面临的旅游市场规模是平稳扩张的，其中国内旅游者已经成为旅游市场消费的主体，“百姓旅游”的时代已经来临。

在国内旅游消费主体中，假日制度调整为城镇居民带来更多分散化的休闲旅游机会，城镇居民出游人次数和人均花费均呈增长趋势。城镇居民人均旅游消费能力的增强为旅行社的产品销售及升级提供了保证。旅游需求规模的扩大为旅行社行业的发展与创新提供了稳固的市场基础。

国内旅游占旅游主体是旅游业发展成熟后的常态，内蒙古自治区的国内旅游市场虽然人均消费较低但数量较大，它决定着旅行社的商业模式，旅行社产业只有更好地满足国内旅游需求才能具有可持续的市场竞争力。

### 二、逐步形成垂直分工体系

内蒙古自治区旅行社业发展早期，在国际旅游接待中采取按照客源而进行的水平分工体系。随着旅行社数量的增多和经营模式的改变，旅行社业的格局也发生变化。除了国际旅行社和国内旅行社仍按市场范围进行水平分工外，在同类旅行社之间，已经进入无差别竞争阶段，每个旅行社都可以设计自己的经营模式。由于旅行社间分工形式不明确，既没有批发、零售的差异，又没有个性化的特色产品，所以导致行业只能在低层次上开展价格竞争，局面相对混乱。

内蒙古自治区的旅行社应借鉴发达国家规范化、层次分明的旅行社业经营经验，努力达到金字塔型的垂直结构。塔尖是少数大集团，靠资金、品牌、规模等方面的优势占据较大市场份额，形成市场的主导力量。中间是一些中型的专业化旅行社，针对某一细分市场开发专业化产品。塔底是大多数的小旅行社，作为大集团的网络销售点主营代理业务。目前，有些大型旅行社已经进行批发、零售业务分工方面的探索，希望通过加快门市布局、网站和在线预订等销售渠道的建设，实现企业内部垂直分工。

## 三、竞争主体多元化

内蒙古自治区的旅行社主要是国有和民营两种形式，对于国有旅行社来说，主要通过股份制等途径完成体制的改造，建立现代企业制度，在此基础上增强国有旅游企业的核心竞争力。国有旅行社的改制创新、民营旅行社的介入，使内蒙古自治区旅行社业的市场主体多元化，提高了旅行社的市场化程度。

互联网的普及应用，使旅游者不需要通过旅行社这个中介就可以实现网上预订机票、房间等便利的服务，这对旅行社业来说是巨大的挑战和机遇，网络技术的发展对旅行社的传统服务产生了竞争，但信息技术也丰富了旅行社的行业业态，促进了传统旅行社的运营效率。

网络技术的发展给旅游者自主出行创造了诸多便利，提高了散客旅游的自由度，催生了新型旅游服务运营商。面对新兴业态的竞争，大多数传统旅行社主动出击，将网络为己所用，转化为提高服务质量的工具，通过互联网搜集目的地信息及旅游产品，通过电子邮件接收预订或者确认顾客预订。目前，网络技术已经普及到内蒙古自治区几乎全部旅行社中，大部分旅行社通过设立商务网站，整合自身旅游资源，赢得更大发展空间。

## 四、品牌化和产品创新

内蒙古自治区旅行社数量稳步增长，市场竞争加剧，旅行社只有提升自己的旅游服务，创立具有特色的品牌，创新旅游产品，才能满足日趋成熟的旅游消费者的更多需求。

旅行社经营的产品大多数是信息性的产品，很难在旅游线路的开发上形成专利和特定的品牌，因此，旅行社树立市场形象的途径只能是打企业的品牌，通过优质的服务和产品质量建立企业品牌，让旅游消费者认同企业和企业的品牌，这样才能对企业的服务建立信任。

内蒙古自治区的旅行社树立品牌时，主要挖掘文化内涵，进行文化竞争，比如大部分旅行社会设计统一的标志、统一的服装、统一的企业精神和理念；增加个性化的服务；同样的线路，提高导游的讲解水平等，通过企业品牌的树立和文化性竞争意识的形成，形成企业整体个性，增强企业的竞争力。

在相当长的时期里，传统旅游线路仍然是旅行社的主打产品，但是，如果旅行社能够对同样的产品进行创新，配以特色服务、营销策略和品牌优势就能够脱颖而出，占据竞争优势。

## 第四节　内蒙古自治区旅行社业发展的问题及对策

### 一、内蒙古自治区旅行社业发展的问题

#### （一）平均规模小，市场竞争手段落后

由于内蒙古自治区旅行社主要由民营旅行社和转制后的国有旅行社的分社或者支社组成，没有集团化的旅行社，因此旅行社的规模相对较小。资金、规模实力不强，旅行社行业市场竞争主要形式为价格竞争，旅行社数量增加，竞争加剧，导致有些旅行社不注重企业品牌的培育，竞相以低价格吸引旅游者和境外组团社，甚至有些旅游线路出现了“零团费”、“负团费”现象，恶性竞争的局面造成了服务质量降低和市场竞争环境的恶化，旅游投诉增加，短期内增加了市场份额，但是从长远来看，流失了刚刚维持起来的客源，降低了整个旅行社业的行业绩效。

#### （二）旅行社产品类型单一，品牌不突出

旅行社的服务内容十分广泛，包括为不同目的来旅游的旅游者提供餐饮、住宿、娱乐、交通、购物等各种服务，提供旅游咨询、领队服务、导游服务、活动设计等；提供餐饮、住宿、交通、景点门票的预订；提供签证、出入境等代办服务等。但是目前在内蒙古自治区由于技术和资金的限制，大部分旅行社业缺乏创新意识和创新能力，旅行社的产品既没有特色，也没有差异化营销，再加上没有品牌的依附，低层次的旅行社产品容易一经开发立刻被同行模仿，这种状况限制了旅行社对新产品研发的积极性，导致大量产品同质化，品种缺乏，没有特色，个性化、品牌化的产品亟待开发。

#### （三）企业制度落后，内部约束机制不强

内蒙古自治区旅行社行业基本已经完成了企业制度的改革，但是大部分旅行社没有建立起现代企业制度，基本都是私营或者合伙制企业，在形式上或者实质

上保持着传统的制度，企业内部机制落后，经营管理手段单一，责权利划分不清晰，管理制度不科学。

由于旅行社机制和企业法人自身素质等原因，旅行社在内部对部门、员工的约束机制不强，没有强有力的监督、激励机制，缺乏长远的规划与目标，短期化行为严重，忽视对品牌、质量、信誉等软件的建设。

（四）营销策略匮乏，网络化程度低

随着互联网及信息技术的发展，旅行社的营销渠道也从报纸、杂志等传统媒体转向网站、微博、微信等新媒体。但目前内蒙古自治区旅行社对新媒体的利用层次相对较低，大多数旅行社仅限于旅游线路咨询、线路广告等，没有形成网络营销和全方位的使用传播渠道。点开内蒙古自治区旅行社的官方网站，大部分网站内容简单，包装简陋，经营重点不突出，产品特色不鲜明，内容以广告为主，且信息更新不及时。另外，微博、微信等新媒体平台也疏于管理，信息发布滞后，与游客的互动较少，营销效果较差。总之，内蒙古自治区旅行社营销策略匮乏，旅行社业务协作简单，伙伴关系不稳定，没有建立起真正的网络化、信息化经营。

## 二、内蒙古自治区旅行社业发展对策

（一）改善竞争模式，创新产品结构

内蒙古自治区应加强旅行社与地接社、旅游饭店、交通部门、景区景点等的密切合作，提升旅行社行业的整体经营水平和市场竞争力。使旅行社行业的市场竞争模式从原来的价格竞争转向企业品牌、产品质量等无形资产的高级竞争模式。

游客散客时代已经到来，散客已经成为旅游市场的新主角，面对旅游市场的新机遇，旅行社要结合散客时代的新形势要求，创新意识，改变传统的服务方式，充分利用信息技术和网络优势，推出特色个性化服务来满足不同层次旅游者的需求，提高市场占有率。

（二）强化旅游人次培养

内蒙古自治区旅游行政部门和各个旅行社企业法人应加强旅游人才的培养工作，注重培训创新，实施各部门分工合作的培训模式，建立旅游师资培训基地，积极开展旅游教育国际合作，建立多层次的培训体系。

（三）支持旅行社参与政府采购和服务外包

内蒙古自治区旅游行政部门应落实国务院“四十一号文件”《关于加快发展旅游业的意见》，主动解决认识、制度方面存在的问题，积极做好宣传引导和协调沟通工作，支持旅行社参与政府采购和服务外包。在政府的公务、商务、差旅和会奖旅游等方面给予旅行社一定的政策扶持，运用市场化手段引入竞争机制，采取招标方式吸引有实力的旅行社参与并承办大型会展。即为旅行社行业拓展业务范围，又能有效地提高政府商旅活动的效率，节约政府经费。

# 第五章
# 内蒙古自治区旅游景区业发展

## 第一节　内蒙古自治区旅游景区业发展现状

旅游景区，是指能够吸引国内和国外旅游者前来游赏的区域场所，不仅能够满足游客观光、寻找快乐、健康体魄等旅游需要，还具备一致的经营管理机构，明确地域范围，同时相应的旅游服务设施能够提供相应的旅游服务管理区。旅游景区是旅游业的核心，是旅游产业的主要成分，是旅游产业链中的重要环节，是旅游消费的吸引中心，还是旅游产业面的辐射中心。旅游景区包括旅游风景区、博物馆、寺庙、自然保护区等各类旅游景区。依照《旅游景区质量等级的划分与评定》（GB/T 17775—2003）国家标准与《旅游景区质量等级评定管理办法》（国家旅游局局令第 23 号），根据景区（点）旅游交通、游览、旅游安全、通信、旅游购物、综合管理、接待游客数、旅游资源与环境保护、旅游资源品位等 10 个方面的数据划分与评定，我国旅游景区（点）从高到低按质量等级可划分为 5 个级别，依次为 5A、4A、3A、2A、1A 级旅游区（点）。

内蒙古自治区旅游业发展的总体水平起步较晚，但由于地理位置独特、旅游资源独特多样，因此拥有快速发展旅游业的资源基础。通过 20 多年的发展，内蒙古自治区旅游业的基础建设不断完善，产业地位不断提高，产业规模不断扩大，目前，旅游业已经成为内蒙古自治区国民经济的主要组成部分。内蒙古自治区在充分利用自身旅游资源、设计旅游产品的同时，也抓住旅游发展的时机，加大政府政策扶持，增强资金投入力度，不断完善旅游景区基础设施建设，加大旅游景区的服务力度，不断提高旅游景区的核心价值与竞争力。内蒙古自治区旅游规划的重点目标是建设四大旅游区域，65 个精品旅游景区，加强旅游中心城市、

A级旅游景区与旅游集散中心的建设，提高旅游景区的服务水平和旅游质量，提供舒适的民族特色旅游环境。

## 一、内蒙古自治区旅游景区规模结构

### （一）数量规模

截至2014年底，内蒙古自治区A级旅游景区总数为321个，比2013年增加了37个，同比增长13.2%。其中，5A级旅游景区2个，为鄂尔多斯市响沙湾旅游区和鄂尔多斯市成吉思汗陵旅游区，自2010年经国家旅游景区质量等级评定委员会评定以上两个旅游景区为5A级景区以来，内蒙古自治区到目前为止还没有新的5A级旅游景区被评定。4A级旅游景区78个，比2013年增加了13个，同比增长20%，其中新评为4A级的旅游景区13个，包括呼和浩特市的敕勒川草原文化旅游区和大青山太伟运动休闲度假村；包头市的青鸟生态养生庄园；通辽市的敖包相会可汗山草原旅游景区；赤峰市的美林谷滑雪场；乌兰察布市的辉腾锡勒黄花沟草原旅游区；鄂尔多斯市的布龙湖温泉度假区、准格尔召旅游区、鄂尔多斯草原旅游区和上海庙欢乐大草原旅游区；巴彦淖尔市的河套湿地景区；阿拉善盟的巴丹吉林沙漠旅游区。3A级旅游景区106个，比2013年增加了10个，同比增长10.4%，其中新评为3A级的旅游景区13个，包括包头市的百灵那达慕文化产业园、春坤山生态旅游景区；呼伦贝尔市的鹿鸣山庄、一代天骄中电生态文化景区；兴安盟的蒙牛乌兰浩特工业旅游区、赛银花农业观光园；赤峰市的道谷南山生态旅游度假区、马鞍山红酒庄园；乌兰察布市的红石崖寺旅游区、集宁战役纪念馆、伊利乌兰察布乳品厂；鄂尔多斯市的大汗行宫旅游区；巴彦淖尔市的蒙牛乳业工业旅游区；阿拉善盟的定远营古城旅游区。2A级旅游景区133个，比2013年增加了14个，同比增长11.8%，其中新评为2A级的旅游景区22个，包括包头市的满都拉口岸旅游区、吉穆斯景区、希拉穆仁草原华宇房车营地旅游景区、哈布图·哈撒尔旅游景区和包头轻工学院景区；呼伦贝尔市的海拉尔哈克遗址博物馆、额尔古纳哈乌尔河景区、阿荣旗仙人洞景区和陈巴尔虎旗胡列也吐度假村；赤峰市的阿鲁科尔沁旗根丕庙、阿鲁科尔沁旗巴彦花水库、巴林右旗民族博物馆、巴林右旗德日苏宝冷旅游区、宁城国家地质公园博物馆、宁城道虎沟古生物化石保护馆、松山区哈斯陆农耕文化园、松山区柴胡栏子烈士纪念馆和元宝山区静安寺；锡林郭勒盟的哈音哈尔瓦庙；鄂尔多斯市的沙海生态旅游度假庄园、大秦避暑山庄；乌海市的海美斯精品陶瓷工业旅游区。1A级旅游景区仍为2家。

### （二）区域结构

通过分析12个盟市及2个副地级市旅游景区数量在内蒙古自治区的比重，可以看出：呼伦贝尔市、鄂尔多斯市、巴彦淖尔市、赤峰市和呼和浩特市旅游景区数量相对较多，在内蒙古自治区的占比都达到了7%以上。对于12个盟市及2个副地级市4A级以上景区在内蒙古自治区4A级及以上旅游景区的比重分析，可以看出：鄂尔多斯市、呼伦贝尔市、呼和浩特市、赤峰市和乌兰察布市旅游景区质量相对较高，在内蒙古自治区的占比都达到了7%以上，见表5-1。

**表5-1 2014年内蒙古自治区A级旅游景区的数量和质量**

| 地区 | 不同级别景区数 | | | | | | 占全区百分比（%） | 4A级以上景区在全区的百分比（%） |
|---|---|---|---|---|---|---|---|---|
| | 5A | 4A | 3A | 2A | A | 小计 | | |
| 呼和浩特市 | | 6 | 15 | 2 | | 24 | 7.48 | 7.50 |
| 包头市 | | 5 | 8 | 7 | | 20 | 6.23 | 6.25 |
| 呼伦贝尔市 | | 10 | 12 | 23 | 2 | 47 | 14.64 | 12.50 |
| 兴安盟 | | 2 | 7 | 12 | | 21 | 6.54 | 2.50 |
| 通辽市 | | 4 | 10 | 8 | | 22 | 6.85 | 5.00 |
| 赤峰市 | | 6 | 10 | 19 | | 35 | 10.90 | 7.50 |
| 锡林郭勒盟 | | 4 | 6 | 11 | | 21 | 6.54 | 5.00 |
| 乌兰察布市 | | 6 | 7 | 6 | | 19 | 5.91 | 7.50 |
| 鄂尔多斯市 | 2 | 21 | 11 | 9 | | 43 | 13.40 | 28.75 |
| 巴彦淖尔市 | | 3 | 10 | 26 | | 39 | 12.15 | 3.75 |
| 乌海市 | | 1 | 3 | 6 | | 10 | 3.12 | 1.25 |
| 阿拉善盟 | | 5 | 5 | 2 | | 12 | 3.74 | 6.25 |
| 满洲里市 | | 4 | | 2 | | 6 | 1.87 | 5.00 |
| 二连浩特市 | | 1 | 1 | | | 2 | 0.63 | 1.25 |
| 全区总计 | 2 | 78 | 106 | 133 | 2 | 321 | 100.00 | 100.00 |

## 二、内蒙古自治区A级旅游景区类型划分

内蒙古自治区地域辽阔，高原面积广大，距海洋较远，属于温带大陆性气候，降水分布极度不均衡，因此，形成了由草原到沙漠不同的自然景观。随着历史的推移，人类对于自然环境的干扰形成了许多的历史遗址、建筑、居民、城市风貌和文化风貌等人文景观。按照旅游景区核心吸引物的属性进行分类，将内蒙

古自治区的 A 级旅游景区划分为自然类旅游景区和人文类旅游景区两种类型，自然类旅游景区包括自然风景区类、森林公园类、自然保护区类、田园风光类等。人文类旅游景区包括历史文化遗址遗迹类、古建园林类、科技文化艺术博物馆类、游乐场类、主题公园类、运动场馆类、度假村类和会议中心类等，如表 5－2 所示。

**表 5－2　内蒙古自治区 A 级旅游景区类型划分统计**

| 盟市 | 自然类旅游景区 | 人文类旅游景区 |
|---|---|---|
| 呼和浩特市 | 哈达门国家森林公园、白石头沟生态旅游区、敕勒川草原文化旅游区 | 昭君博物院、蒙牛工业旅游区、伊利乳都科技示范园、神泉园林景区、大昭寺、席力图召、乌兰夫纪念馆、五塔寺、乌兰夫故居、内蒙古青少年生态园、清固伦恪靖公主博物馆、敕勒川人家旅游度假村、东方甘迪尔蒙古风情园、大青山野生动物园、和林格尔盛乐博物馆、云滚洞避暑山庄、将军衙署博物馆、大青山太伟运动休闲度假村、南湖湿地公园、蒙亮民族风情园、石峡口旅游度假区 |
| 包头市 | 南海湿地景区、石门风景区、梅力更风景旅游区、希拉穆仁孙氏草原旅游中心、春坤山生态旅游景区 | 五当召、北方兵器城、新世纪青年生态园、美岱召、妙法寺、内蒙古小肥羊食品工业旅游区、达茂旗蒙古人度假村、敕勒川博物馆、百灵那达慕文化产业园、青鸟生态养生庄园、满都拉口岸旅游区、吉穆斯景区、希拉穆仁草原华宇房车营地旅游景区、哈布图·哈撒尔旅游景区、包头轻工学院景区 |
| 呼伦贝尔市 | 呼和诺尔旅游区、莫尔道嘎国家森林公园、红花尔基樟子松森林公园、淖源国家森林公园、嘎仙洞旅游区、额尔古纳湿地旅游区、伊克萨玛国家森林公园、鄂温克五泉山旅游区、阿里河国家森林公园、呼伦湖金海岸旅游区、喇嘛山国家森林公园、图里河国家级湿地公园、伊利呼伦贝尔牧场、额尔古纳哈乌尔河景区、新巴尔虎右旗贝尔湖景区、海拉尔国家森林公园、巴彦呼硕草原旅游区 | 扎兰屯吊桥公园、世界反法西斯战争海拉尔纪念园、中国达斡尔民族园、海拉尔农业发展园区、金帐汗旅游部落、布苏里旅游度假山庄、牙克石云龙山庄、甘珠尔庙、呼伦贝尔古城、敖鲁古雅使鹿部落、诺门罕旅游区、巴尔虎蒙古部落、鄂伦春博物馆、鹿鸣山庄、新巴尔虎右旗巴尔虎博物馆、中国达斡尔民族博物馆、晨光生态园、弘吉剌部景区、临江原生态公园、室韦魅力名镇景区、鄂温克博物馆、陈巴尔虎民族博物馆、阿荣旗抗联英雄园、金龙山滑雪场、中东铁路博物馆、根河桥度假村、一代天骄中电生态文化景区、海拉尔哈克遗址博物馆、阿荣旗仙人洞景区、陈巴尔虎旗胡列也吐度假村 |
| 兴安盟 | 阿尔山—柴河旅游区、图牧吉国家自然保护区、翰嘎利湖五角枫休闲旅游度假区、明星湖旅游度假村、龙凤源景区、阿尔山白狼峰景区、多兰湖公园、达嘎图山景区、鹦鸽山景区、蒙格罕山生态旅游区 | 阿尔山海神圣泉旅游度假村、成吉思汗庙景区、兴安蒙古包旅游村、天府园旅游休闲山庄、内蒙古民族解放纪念馆、乌兰浩特市工业经济开发区、科右中旗博物馆、绰尔河农耕博物馆、蒙牛乌兰浩特工业旅游区、赛银花农业观光园、兴安村第一党支部 |

续表

| 盟市 | 自然类旅游景区 | 人文类旅游景区 |
|---|---|---|
| 通辽市 | 大青沟国家自然保护区、珠日河旅游区、山地草原旅游区、辉特淖尔草原旅游区、古榆园旅游区、奈曼银砂九岛旅游区、霍林郭勒观音山旅游区、霍林郭勒鸿雁湖旅游区、东湖旅游区、阿古拉草原旅游区、青龙山洼旅游区、敖包相会可汗山草原旅游景区 | 库伦旗三大寺旅游区、孝庄园旅游区、牵手草原度假村、吉祥密乘大乐林寺、科尔沁民族博物馆、奈曼旗王府、麦新烈士纪念馆、老乡山庄旅游区、僧格林沁旅游区、开鲁县烈士陵园 |
| 赤峰市 | 克什克腾世界地质公园阿斯哈图花岗岩石林景、达里湖景区、玉龙沙湖旅游区、马鞍山国家森林公园、藏龙谷景区、红山湖旅游区、道须沟生态旅游区、赛罕乌拉国家自然保护区、道谷南山生态旅游度假区、黑里河漂流乐园 | 喀喇沁亲王府、海贝尔游乐园、克什克腾世界地质公园博物馆、敖汉温泉城景区、红山公园、南山生态园、植物园、荟福寺、巴林蒙古部落、大辽猎苑景区、杜鹃山庄、辽上京博物馆、美林谷滑雪场、辽真寂之寺、巴林石博物馆、马鞍山红酒庄园、阿鲁科尔沁旗根丕庙、阿鲁科尔沁旗巴彦花水库、巴林右旗民族博物馆、巴林右旗德日苏宝冷旅游区、宁城国家地质公园博物馆、宁城道虎沟古生物化石保护馆、松山区哈斯陆农耕文化园、松山区柴胡栏子烈士纪念馆、元宝山区静安寺 |
| 锡林郭勒盟 | 多伦湖旅游区、乌里斯雅太山旅游江区、乌兰五台旅游景区、多伦南沙梁旅游区、锡林河度假村 | 贝子庙景区、蒙古汗城旅游区、元上都博物馆、别里古台扎桑、博力彦神泉度假村、葛根敖包旅游度假村、多伦县山西会馆、多伦滦源殿度假村、阿拉腾艾里民俗大营旅游度假村、浩济特庙旅游景区、乃林郭勒旅游度假村、“探马赤大宫”苏尼特乌兰伊德饮食风情园、哈音哈尔瓦庙、马文化博物馆、查干朝鲁图珠洒勒旅游度假村、太仆寺御马苑旅游区 |
| 乌兰察布 | 格根塔拉草原旅游中心、察尔湖生态旅游区、辉腾锡勒黄花沟草原旅游区、苏木山旅游区、霸王河主体公园、京能岱海旅游度假区、岱海自然生态旅游度假区 | 腾锡林郭勒草原明珠接待中心、外事旅游接待中心、铁骑草原旅游中心、阿贵庙旅游点、集宁老虎山公园、巴彦塔拉旅游城、淖干诺尔草原旅游度假村、淖干塔拉蒙古营度假村、集宁皮革城、红石崖寺旅游区、集宁战役纪念馆、伊利乌兰察布乳品厂 |

续表

| 盟市 | 自然类旅游景区 | 人文类旅游景区 |
| --- | --- | --- |
| 鄂尔多斯市 | 响沙湾旅游区、恩格贝生态旅游区、库布齐沙漠公园七星湖旅游区、苏泊汗草原旅游区、大沙头生态文化旅游区、银肯塔拉沙漠生态旅游区、鄂尔多斯草原旅游区、库布其沙漠旅游区 | 成吉思汗陵旅游区、鄂尔多斯文化旅游村、九城宫生态园、察罕苏力德旅游生态旅游区、秦直道旅游区、释尼召旅游景区、康巴什旅游区、碧海阳光国际温泉旅游区、乌审召庙旅游区、三盛公水利风景区、银海旅游度假村、昭君城旅游区、窝阔台旅游区、广稷农耕博物馆、福海蒙古城生态旅游区、中华文明史艺术城、龙洋民族休闲度假村、水镜湖度假旅游区、苏里格庙旅游区、准格尔召旅游区、神东绿洲宾馆旅游区、吉祥福慧寺、锦世温泉度假村、油松王旅游区、陶亥召、神光大漠旅游度假村、绿梦苑山庄、野生动物园、萨拉乌苏旅游区、万通生态旅游区、上海庙欢乐大草原旅游区、大汗行宫旅游区、沙海生态旅游度假庄园、大秦避暑山庄、苏里格庙 |
| 巴彦淖尔市 | 纳林湖旅游区、河套湿地景区、冬青湖旅游景区、镜湖生态旅游区、镜海旅游度假区、乌梁素海生态旅游景区、乌拉山国家森林公园、河神湖旅游景区、塔尔湖度假村、青清湖旅游景区、风蚀冰臼国家地质公园、温根塔拉旅游接待中心、同歌乐歌景观河旅游区 | 维信国际高尔夫度假村、河套酒业、塞上园旅游区、“走西口”民俗第一村、巴彦淖尔地质公园博物馆、甘露寺、公田村、乌拉特部落、五原县历史文化博物馆、蒙牛乳业工业旅游区、五原抗战纪念馆、冯玉祥誓师广场、四大股普济寺、善达古庙、科技馆、乌拉特后旗博物馆、乌拉特中旗博物馆、海流图镇生态园、海龙科技园、磴口县博物馆、云海秋林生态休闲度假区、游牧一族苁蓉生态园、慈云寺、浩彤现代农业观光园、浩澎现代农业观光园、四季青高科技生态园区 |
| 乌海市 | 金沙湾生态旅游区、甘德尔山旅游区 | 汉森庄园、满巴拉僧庙旅游区、乌海市科技馆、蒙古族家具博物馆、煤炭博物馆、乌海市植物园、青山翰园、海美斯精品陶瓷工业旅游区 |
| 阿拉善盟 | 腾格里达来月亮湖沙漠生态探险度假营地、通湖草原旅游区、乌日斯草原旅游区、胡杨林旅游区、巴丹吉林沙漠旅游区 | 南寺生态旅游区、贺兰山福因寺（北寺）旅游区、阿拉善博物馆、阿右旗博物馆、额济纳旗博物馆、金沙苑旅游区、定远营古城旅游区 |
| 满洲里市 | 达赉湖旅游区 | 达永山滑雪场和铁木真大汗行营、中俄互市贸易区、俄罗斯套娃广场、国际秘密交通线教育基地暨国门景区、扎赉诺尔猛犸旅游区 |
| 二连浩特市 |  | 国门景区、恐龙遗址公园 |

# 第二节　内蒙古自治区旅游景区的空间分布规律

## 一、内蒙古自治区地形地貌类型对旅游景区分布的影响

地貌是旅游景区的重要组成部分，每一个旅游景区都是以独特性的地貌景观为基础的；地貌决定了旅游景区的总体框架，影响了旅游景区的总体规划；地貌在旅游景区中起着重要的景观构建作用，旅游景区的建设要充分考虑到与地貌的有机结合。因此，地貌与旅游景区的空间结构关系紧密。

内蒙古自治区 A 级旅游景区的地貌是旅游景区所在地或者是旅游景区主要景点的地貌，旅游景区的地貌类型并不都是单一的，有可能是多种类型地貌类型的综合体。确定旅游景区地貌类型时，如果旅游景区为多类型地貌，就选取旅游景区主要景点的地貌为该旅游景区的地貌。

内蒙古自治区的地形地貌多种多样，主要以高原为主，森林、草原和沙漠共同存在。高原地貌的脊梁是由大兴安岭、阴山（狼山、灰腾梁、色尔腾山、大青山）、贺兰山等山脉组成。高原西端的沙漠有巴丹吉林沙漠、腾格里沙漠、乌兰布和沙漠、毛乌素沙漠、库布其沙漠等。其中平原主要有嫩江西岸平原、土默川平原、黄河南岸平原、西辽河平原、河套平原及西辽河平原。内蒙古自治区地貌类型景观分布特征：东部为森林旅游景观，中部为草原旅游景观，西部为沙漠旅游景观。旅游景区是通过地貌类型的特征而建立的，地貌的特征是地理旅游景观的标志之一。内蒙古自治区不少旅游景区都以地域特色闻名，有些以景观特征著称，但均依赖于独特的地形构造。由图 5 - 1 可见，内蒙古自治区旅游资源丰富，在海拔交接地带，资源类型独特，人文地理条件优越，使旅游景区的数量较多。海拔高的地带，景观特征单一，人文干扰概率小，可塑性差，景区数量较少。在高山、平原与荒漠等地貌类型中，由于占据天然的资源条件和独特的地域特色，使旅游景区的数量与质量相对较高。例如，莫尔道嘎国家森林公园（4A）、红花尔基森林公园（3A）、大青沟国家自然保护区（4A）、克什克腾世界地质公园（4A）、马鞍山国家森林公园（3A）、格根塔拉草原旅游中心（4A）、蒙古汗城旅游景区（4A）、哈达门国家森林公园（3A）、响沙湾旅游区（5A）、金沙湾生态旅游区（4A）、腾格里达来月亮湖沙漠生态探险度假营地（4A）。

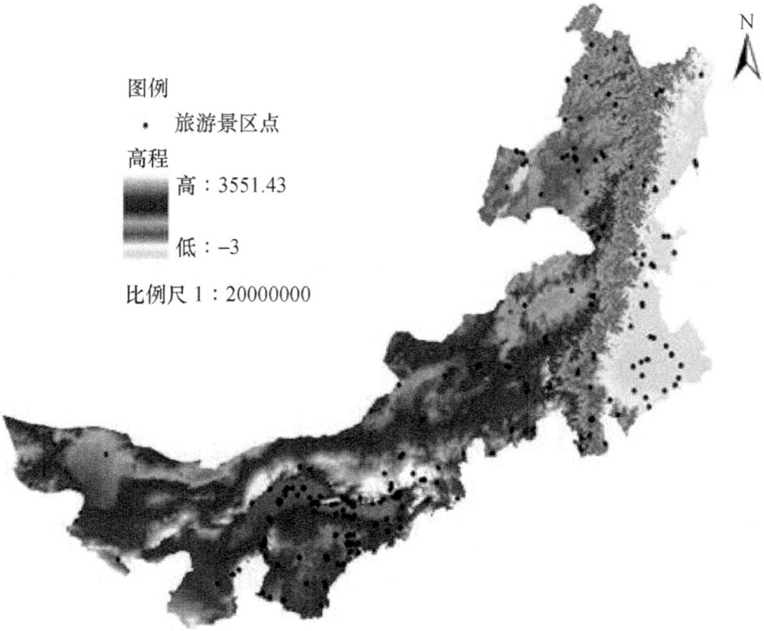


**图 5－1　内蒙古自治区 A 级旅游景区分布与地形地貌的关系示意**

按照地形地貌类型对内蒙古自治区旅游景区进行划分，可以分为三大区域：森林景观旅游区（赤峰市、呼伦贝尔市、通辽市、兴安盟）、草原景观旅游区（包头市、鄂尔多斯市、呼和浩特市、乌兰察布市、锡林郭勒盟）、沙漠景观旅游区（阿拉善盟、巴彦淖尔市、乌海市）。地貌类型与旅游景区关系密切，旅游景区的地貌类型越独特，它的吸引力越强，质量和经济价值也越高。

## 二、内蒙古自治区的河流对旅游景区分布的影响

内蒙古自治区境内共有大小河流千余条，其中包括艾不盖河、昌都河、额济纳河、塔布河、乌拉盖河、锡林郭勒河、西拉木伦河等。同时在内蒙古自治区境内还有黄河穿过，由南向北，围绕鄂尔多斯高原，形成一个马蹄形。除此之外，还有近千个大大小小的湖泊和湿地，其中包括察干诺尔、岱海、达里诺尔湖、呼和诺尔、呼伦湖、哈素海、居延海、南海湿地、乌梁素海等。如图 5－2 所示，内蒙古自治区旅游景区在空间分布上与河流存在直接的关联性，河流的流量直接影响景区的分布与景区质量的提升。靠近河流人口集中，取水便利，而且水源充足的地方自然景观条件好。这些都有利于景区的发展和景区规模的扩大，例如达

里湖景区（4A）、多伦湖旅游区（4A）、京能岱海旅游度假村（4A）、察尔湖生态旅游区（4A）、七星湖旅游区（4A）、阿尔山海神圣泉旅游度假村（4A）、腾格里达来月亮湖沙漠生态探险度假营地（4A）、呼和诺尔旅游区（4A）、南海湿地景区（4A）、额尔古纳湿地景区（3A）、珠日河旅游区（3A）等。内蒙古自治区旅游景区在靠近河流、湖泊和湿地的地方能够形成规模较大、质量相对较高的景区。距离水体较远的旅游景区自然景观条件相对较差，并且供其发展所需的水源变少，从而会影响旅游景区的规模和质量。

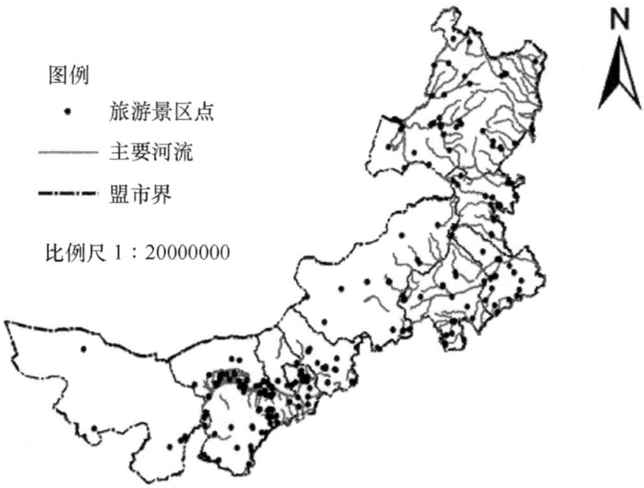


**图 5－2　内蒙古自治区 A 级旅游景区分布与主要河流的关系示意**

按照主要河流、湖泊等水体的富集程度对内蒙古自治区旅游景区进行划分，可以分为以下区域：极度富水区（呼伦贝尔市、兴安盟）、较缺水区（赤峰市、通辽市、包头市、鄂尔多斯市、巴彦淖尔市、呼和浩特市、锡林郭勒盟）、严重缺水区（阿拉善盟、乌海市、乌兰察布市）。分布在富水区和需水区的旅游景区数量多，而且旅游景区质量较高。而分布在缺水区的旅游景区数量少，而且景区质量相对较低。

## 三、内蒙古自治区的道路交通对旅游景区分布的影响

交通是旅游出行时必须要考虑的重要因素，只有交通才能把客源地和目的地（旅游景区）连接到一起，因此交通的通达便利程度决定了旅游景区的可进入性。通过交通网络，旅游者可以往返于居住地和目的地（旅游景区）之间。如

果区域的交通运行不能满足旅游者的需要，会在一定程度上影响旅游者对于旅游活动的选择，限制了旅游者的出行，使旅游者可能会做出放弃游览某一旅游景区的决定。因此，区域的交通条件对区域的旅游景区的空间结构产生一定的影响。

内蒙古自治区主要的交通运输方式有铁路、公路、航空和管道，其中铁路和公路运输方式是旅游者出行的首选。如图 5-3 所示，内蒙古旅游景区的分布与交通布局关系密切，旅游景区密集的地区大多数都是交通便利的枢纽地带，游客通过便捷的交通能够快速到达理想的旅游景区，以便快捷方便地进行旅游。旅游交通条件的便利程度对旅游景区的发展至关重大，它直接影响游客与旅游地相互联系、相互作用的强度，进而影响旅游者决策行为的发生，旅游交通的发展可以促进旅游景区发展，从而带动整个地区经济的增长。

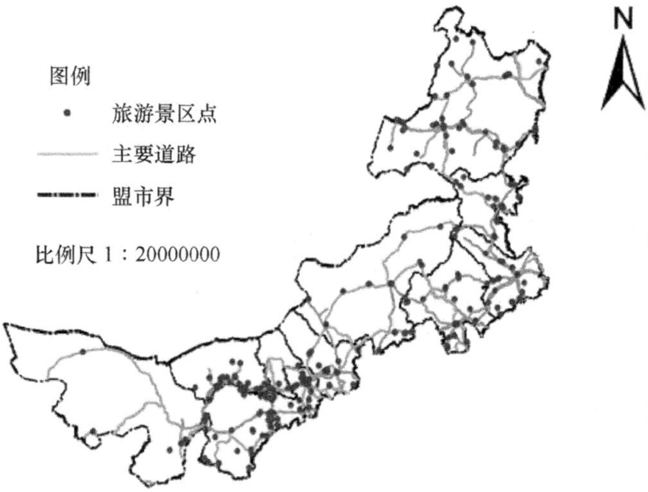


**图 5-3　内蒙古自治区 A 级旅游景区分布与主要道路的关系示意**

内蒙古自治区地处我国的北部边疆，地广人稀，为了满足游客的需求，提高景区的可达性，进而提升旅游景区的价值与质量，内蒙古自治区旅游景区主要分布在道路沿线上。内蒙古自治区的主干道路包括包茂高速、丹拉高速、京新高速、110 国道、111 国道、207 国道、208 国道、210 国道、301 国道、303 国道和 304 国道等，除此之外还有一条连接呼和浩特市与呼伦贝尔市的省际大通道，途经乌兰察布市、赤峰市和兴安盟等地区。

按照主要交通线的疏密程度对内蒙古自治区旅游景区进行划分，可以分为三大区域：交通网络极度密集区（包头市、鄂尔多斯市、呼和浩特市、乌兰察布市）、交通网络一般密集区（赤峰市、呼伦贝尔市、通辽市、兴安盟、锡林郭勒盟)、交通网络稀疏区（阿拉善盟、巴彦淖尔市、乌海市）。分布在交通网络密集的景区，交通通达性高，旅游景区的数量和质量相对较高，而在交通网络稀疏的地区，由于受到交通的限制，使景区的游客通达指数下降，从而使旅游景区的数量和质量受到影响，旅游景区的吸引力下降。

## 四、内蒙古自治区区域经济发展对旅游景区分布的影响

旅游业发达的地区往往是经济发展较快的地区，经济的发展促进旅游业的发展，对旅游景区的发展也产生一定的影响，经济发展水平是影响旅游景区空间结构的重要因素之一。

旅游景区的开发建设需要投入大量的资金，旅游景区的级别越高需要投入的资金就越多，旅游景区级别始终与投资强度保持正比关系。经济发展水平较高的地区可以为旅游景区的生存和发展提供资金支持和物质保障，同时，经济发展水平较高地区的旅游者对于高品质的旅游更加向往，旅游费用所占消费总支出的比例也相应较高，从而可以推动高级别旅游景区的产生和发展，进而推动地区经济水平的发展，形成良性循环。因此，地区经济的发展水平和高级别旅游景区的空间分布密切相关。

内蒙古自治区 A 级旅游景区的分布情况与区域经济发展情况紧密相关。经济发展水平快的区域，人均年收入相对较高，消费强度增强，支出旅游的资金也会充裕；与此同时，区域一般性基础设施建设、交通、通信、邮电等多个方面配套设施相对完善，能够用于投资旅游景区的资金也比较多。而旅游景区的发展又能带动地区的经济发展，进而提升地区的国民生产总值。

内蒙古自治区国民生产总值在 2500 亿元以上的发达地区，对于旅游景区的投入会增加，使旅游景区的质量得到提升。呼和浩特市、包头市和鄂尔多斯市是内蒙古自治区经济发展水平较高的地区，同时也是 A 级景区级别较高的区域，内蒙古自治区只有两家 5A 级旅游景区，就分布在这个区域范围内。国民生产总值在 1500 亿～2000 亿元的较发达地区，由于经济水平所限，因此对于旅游景区的投入能力有限。呼伦贝尔市、通辽市和赤峰市属于经济较发达的地区，由于经济水平的限制，使最高景区质量达到 4A 级，但是数量还是相对较多的。国民生产总值在 1500 亿元以下的属于欠发达城市，经济发展水平较低。阿拉善盟、巴彦淖尔市、乌海市、乌兰察布市、兴安盟、锡林郭勒盟属于经济发展水平相对较低的地区，因此，旅游景区的质量和数量仍然处于不发达的水平，如图 5－4、图 5－5 所示。

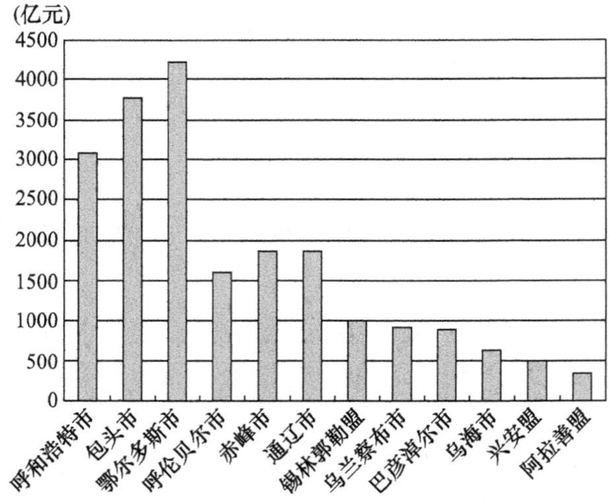


图 5-4 2015 年内蒙古自治区各盟市国民生产总值

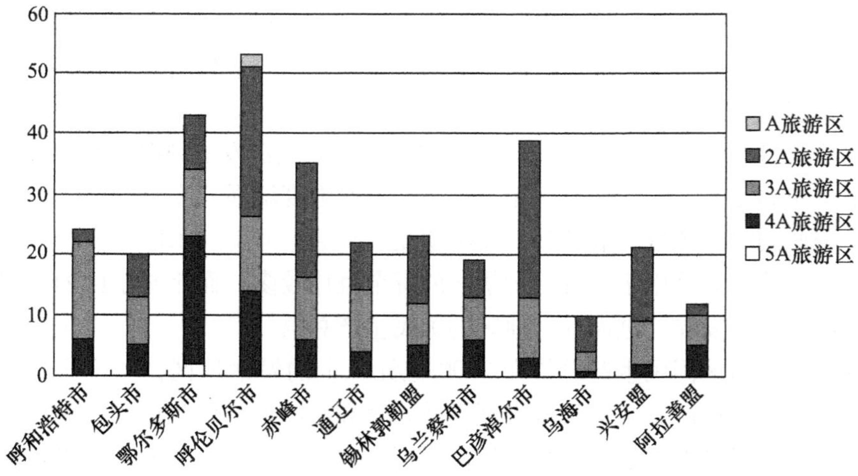


图 5-5 2015 年内蒙古自治区各盟市旅游区数量及等级

按照经济发展水平对内蒙古自治区旅游景区进行划分，可以分为三大区域：经济发达地区（包头市、呼和浩特市、鄂尔多斯市）、经济较发达地区（乌海市、巴彦淖尔市、赤峰市、锡林郭勒盟、呼伦贝尔市、通辽市）、经济欠发达地区（乌兰察布市、阿拉善盟、兴安盟）。分布在经济欠发达地区的旅游景区质量相对较少，而在经济发达地区和经济较发达地区的旅游景区不仅数目多而且质量高。

## 五、内蒙古自治区人口分布对旅游景区分布的影响

旅游活动的开展是以旅游者为主体的，旅游景区（点）的生存、发展需要一定数量的旅游者为基础，旅游者深刻影响着旅游景区（点）的空间结构。旅游者是在一定的条件下从人群中产生出来的，旅游者的产生并不是一种偶然的现象，它受到多重因素的影响。因此，人口分布对旅游景区（点）的空间结构产生一定的影响。

内蒙古自治区地广人稀，人口的分布也不平衡，对于旅游业的发展影响深远。旅游业的快速发展可以推动服务行业的发展，解决很多人口的就业，与此同时，人口的增长也可以推动旅游景区的规划建设，让景区服务质量与观赏价值得到更大的突破。

呼和浩特市、包头市和乌海市是人口聚集的盟市，旅游景区的数量和质量也是相对较高的；赤峰市和通辽市人口密集程度中等；巴彦淖尔市、鄂尔多斯市、乌兰察布市和兴安盟人口密度相对稀疏；阿拉善盟、呼伦贝尔市和锡林郭勒盟的人口密度最小。人口密度最小的三个盟市，景区结构单一，景区数量相对较少，但其旅游景区受到人为干扰的力度较小，景观相对完整，如表5－3所示。

**表5－3　内蒙古自治区A级旅游景区分布与人口密度统计（2014年末）**

| 盟（市） | 总面积（万平方千米） | 总人口（万人） | 平均人口密度（人/平方千米） | 旅游景区数量（个） |
|---|---|---|---|---|
| 全区 | 118.3 | 2497.03 | 21.11 | 321 |
| 呼和浩特市 | 1.72 | 300.11 | 174.48 | 24 |
| 包头市 | 2.77 | 276.62 | 99.86 | 20 |
| 呼伦贝尔市 | 25.3 | 253.19 | 10.00 | 53 |
| 兴安盟 | 5.98 | 160.34 | 26.81 | 21 |
| 通辽市 | 5.95 | 312.57 | 52.53 | 22 |
| 赤峰市 | 9 | 430.62 | 47.85 | 35 |
| 锡林郭勒盟 | 20.26 | 103.89 | 5.13 | 23 |
| 乌兰察布市 | 5.5 | 212.3 | 38.6 | 19 |
| 鄂尔多斯市 | 8.68 | 201.17 | 23.18 | 43 |
| 巴彦淖尔市 | 6.44 | 167.06 | 25.94 | 39 |
| 乌海市 | 0.17 | 55.31 | 325.35 | 10 |
| 阿拉善盟 | 27.02 | 23.85 | 0.88 | 12 |

资料来源：《内蒙古自治区调查年鉴》。

在仅考虑人口密度的条件下，根据图5－6中所显示的人口密度分布图现状，可以把内蒙古旅游景区规划分为四大区域：人口极度密集区（包头市、呼和浩特市、乌海市）、人口一般密集区（赤峰市、通辽市）、人口较稀疏区（巴彦淖尔市、鄂尔多斯市、乌兰察布市、兴安盟）、人口稀疏区（阿拉善盟、呼伦贝尔市、锡林郭勒盟）。由于旅游景区的发展需要大量的劳动人口，因此人口密集区的旅游景区数量和质量较高，同时，人口数量少，对环境的干扰力低，自然景观独特，吸引力大，所以分布在人口稀疏区的旅游景区质量相对较高一些，而在人口相对较少的地区，由于满足旅游景区发展的能力有限，又会使景区人为干扰因素增加，所以旅游景区数量和质量相对较低。

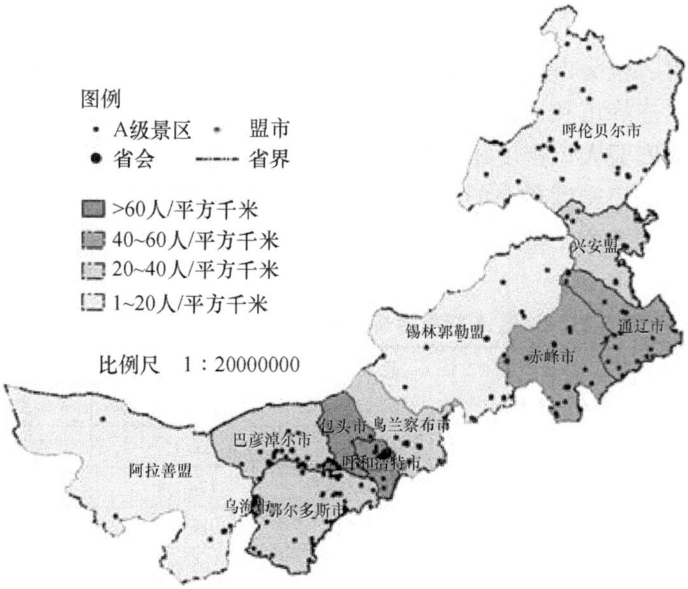


**图5－6 内蒙古自治区A级旅游景区分布与人口的关系示意**

## 六、内蒙古自治区城市分布对旅游景区分布的影响

城市周边人口的流动相对较大，不论是在交通条件，还是在劳动力方面都能够满足旅游景区的需求，所以在城市的附近，景区数量较多，而且分布比较密集，内蒙古12个盟市，在盟市所在地就存在着景区在城市缓冲区密集分布的特

点，所以说城市是旅游景区发展和成熟的依托。

在仅考虑城市的条件下，根据图 5－7 中所显示的城市缓冲区域图现状，把内蒙古自治区旅游景区规划分为三大区域类型：城市景区极度密集区（包头市、鄂尔多斯市、呼和浩特市）、城市景区一般密集区（呼伦贝尔市）和城市景区稀疏区（阿拉善盟、巴彦淖尔市、赤峰市、通辽市、乌海市、乌兰察布市、兴安盟、锡林郭勒盟）。

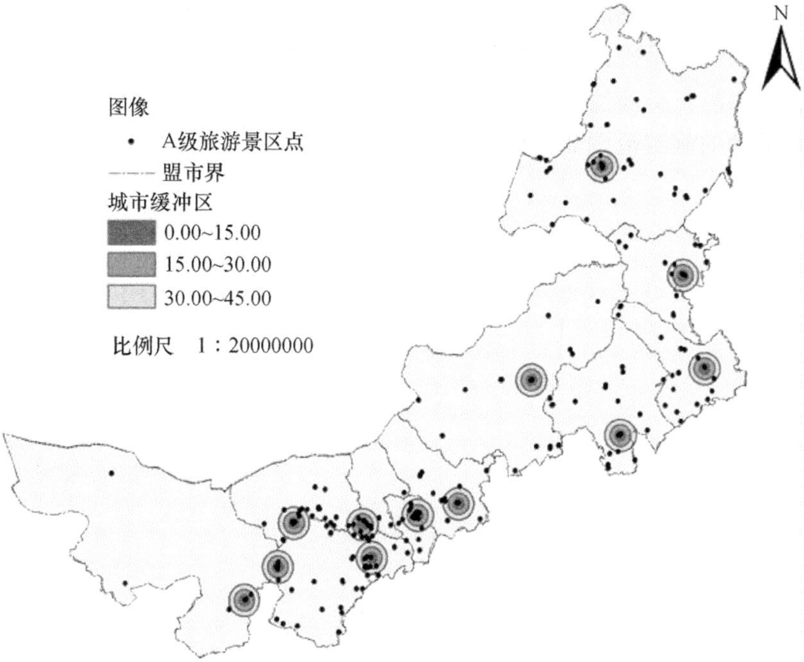


**图 5－7 内蒙古自治区 A 级旅游景区分布与城市的关系示意**

## 七、内蒙古自治区旅游景区的区域划分

内蒙古旅游景区的空间分布不均衡，地理集中度指数高，同时景区的规模度指数与优越度指数并不理想，在内蒙古自治区旅游景区的区域划分过程中，分析内蒙古自治区旅游景区的关联性，根据旅游景区的密度，考虑了旅游景区与地形地貌、河流、交通、经济、人口和城市的关系。地形地貌和河流主要决定旅游资源的类型和独特的吸引力，城市发展促进经济增长和人们生活意识的提高，人口的分布为旅游景区的发展提供劳动力，创造经济价值，而决定旅游景区质量的关

键因素还是经济与交通。

将内蒙古自治区旅游景区的区域划分成四个部分：第一部分是以呼包鄂城市圈为中心的文明古迹及历史遗迹的城市旅游区，例如成吉思汗陵、昭君墓、五塔寺等都在这个区域，而且景区等级也比较高，内蒙古自治区5A级景区一共两个，都分布在这个区域；第二部分是以呼伦贝尔市为中心的内蒙古草原民俗风情旅游区，例如呼伦贝尔草原、锡林郭勒草原、国家森林公园等都分布在这个区域内，自然风光独特；第三部分是以沙漠旅游为中心的干旱荒漠地带旅游区，例如巴丹吉林沙漠风光、月亮湖旅游区等在这个区域，而且沙漠群体的覆盖范围跨越的区域很广；第四部分是以遗址遗迹为中心的人文景观旅游区，例如辽上京遗址、红山文化、喀喇沁王爷府遗址、奈曼王府等都在这个区域，虽然主要集中在这个区域，但是带动的旅游范围非常广泛。

# 第六章
# 内蒙古自治区节庆旅游发展

## 第一节　内蒙古自治区节庆旅游发展历程及概况

### 一、内蒙古自治区节庆旅游发展历程

内蒙古自治区节庆旅游的发展起步于20世纪90年代初，相对较晚。近年来，随着内蒙古自治区旅游产业规模逐年提升，一部分已经具备竞争力的节庆旅游活动优先发展起来，为后来的节庆旅游活动提供了多方面的经验，如节庆旅游产品整合、交通线路整合、节庆旅游营销等办节经验。旅游市场供求关系的变化促成了一系列节庆旅游活动的形成，节庆旅游成为带动地区经济发展、传播地方文化、提高省市形象的方式。

内蒙古自治区节庆旅游的发展大致分为两个阶段：第一阶段是1990～2000年，这一阶段内蒙古自治区的节庆旅游活动开始萌芽，各地纷纷抓住自身自然、文化等方面的优势办节，由于初期节日内容形式、旅游地基础设施建设、节庆旅游宣传和营销策略缺乏经验，导致一部分节庆旅游活动的存活时间不长，但经过摸索走过了发展初期的一些节庆旅游活动为后来的节庆旅游发展打下了良好的基础；第二阶段是2000年至今，节庆旅游进入了新的活跃阶段，由于旅游基础设施的优化、旅游营销手段的多元化，使这一阶段的节庆旅游呈现出良好的发展势头。

## 二、内蒙古自治区节庆旅游发展概况

内蒙古自治区各地都在挖掘本地自然、文化优势，结合实际情况开展了相当数量的新节庆活动，节庆旅游活动的展开为内蒙古自治区整体自然、文化形象的塑造以及整体旅游基础设施水平的提高，地方少数民族文化的传播做出了重要的表率作用，充分发挥了内蒙古自治区的旅游资源优势，合理利用本地自然和人文资源开办节庆旅游活动，是提升经济效益和文化传播的良好途径。

内蒙古自治区各盟市主要节庆旅游活动共计71项，其中有53项集中在每年的5～10月这6个月中，占全部节庆旅游活动的74.6%。由于气候条件的制约，内蒙古自治区的旅游淡旺季非常明显，旅游旺季主要集中在5～10月，由此可以看出，内蒙古自治区节庆旅游活动的时间安排大部分与旅游旺季相一致，如表6－1所示。

**表6－1　内蒙古自治区主要节庆旅游统计**

| 序号 | 节庆旅游名称 | 举办地 | 举办时间 | 创始年 | 届数 |
|---|---|---|---|---|---|
| 1 | 银色乌珠穆沁冰雪那达慕 | 锡林郭勒盟 | 1月 | 2006年 | 10 |
| 2 | 额尔古纳巴斯克节 | 呼伦贝尔市 | 4月下旬至5月上旬 | 传统节日 | |
| 3 | 大明庙会 | 赤峰市 | 4月下旬至5月上旬 | 1983年 | 33 |
| 4 | 阿拉善丁香节 | 阿拉善盟 | 5月上旬 | 2003年 | 13 |
| 5 | 包头黄河湿地风情节 | 包头市 | 5月上旬 | 2006年 | 10 |
| 6 | 阿尔山杜鹃节 | 兴安盟 | 5月下旬 | 2010年 | 6 |
| 7 | 达茂旗马文化节 | 包头市 | 5月18日 | 2010年 | 6 |
| 8 | 黄河鲤鱼文化节 | 包头市 | 5月中旬 | 2009年 | 7 |
| 9 | 三娘子旅游文化节 | 包头市 | 6月4日至6月10日 | 2011年 | 5 |
| 10 | 阿尔山圣水节 | 兴安盟 | 6月至8月 | 2004年 | 12 |
| 11 | 乌拉特草原文化旅游节 | 巴彦淖尔市 | 6月下旬 | 2012年 | 4 |
| 12 | 盛乐芍药旅游节 | 呼和浩特市 | 6月下旬 | 2008年 | 8 |
| 13 | 鄂伦春旗篝火节 | 呼伦贝尔市 | 6月18日 | 1990年 | 26 |
| 14 | 鹿城之夏旅游节 | 包头市 | 6月中旬 | 2011年 | 6 |
| 15 | 元上都文化旅游节 | 锡林郭勒盟 | 7月 | 2008年 | 8 |
| 16 | 察哈尔文化旅游节 | 锡林郭勒盟 | 7月下旬 | 2008年 | 8 |
| 17 | 成吉思汗文化周 | 鄂尔多斯市 | 7月下旬 | 2004年 | 12 |

续表

| 序号 | 节庆旅游名称 | 举办地 | 举办时间 | 创始年 | 届数 |
|---|---|---|---|---|---|
| 18 | 宁城县旅游文化节 | 赤峰市 | 7月下旬 | 2013年 | 3 |
| 19 | 扎兰屯市漂流节 | 呼伦贝尔市 | 7月下旬 | 2003年 | 13 |
| 20 | 敕勒川文化艺术节 | 包头市 | 7月下旬 | 2007年 | 9 |
| 21 | 武川县莜面文化节 | 呼和浩特市 | 7月22日 | 2013年 | 3 |
| 22 | 那达慕 | 全区范围 | 7月中旬 | 传统节日 | |
| 23 | 乌兰牧骑艺术节 | 呼和浩特市 | 7月中旬 | 2004年 | 7 |
| 24 | 科尔沁民间文化艺术节 | 通辽市 | 7月中旬 | 2008年 | 8 |
| 25 | 中国草原皇家御马文化节 | 锡林郭勒盟 | 7月中旬 | 2006年 | 10 |
| 26 | 乌拉盖湖旅游节 | 锡林郭勒盟 | 7月中旬 | 2007年 | 9 |
| 27 | 昭君文化节 | 呼和浩特市 | 7月中旬至9月 | 1998年 | 17 |
| 28 | 骆驼旅游文化节 | 锡林郭勒盟 | 8月 | 2007年 | 9 |
| 29 | 巴丹吉林沙漠探险旅游节 | 阿拉善盟 | 8月 | 2005年 | 11 |
| 30 | 鄂尔多斯国际马文化节 | 鄂尔多斯市 | 8月 | 2011年 | 5 |
| 31 | 白云鄂博国际奇石文化节 | 包头市 | 8月 | 2013年 | 3 |
| 32 | 喀喇沁王府旅游节 | 赤峰市 | 8月13日 | 2002年 | 13 |
| 33 | 内蒙古草原旅游节 | 各盟市轮流 | 8月前后 | 1991年 | 24 |
| 34 | 河套文化艺术节 | 巴彦淖尔市 | 8月上旬 | 2009年 | 7 |
| 35 | 兵器工业旅游节 | 包头市 | 8月下旬 | 2005年 | 11 |
| 36 | 托克托县黄河文化旅游节 | 呼和浩特市 | 8月下旬 | 1999年 | 17 |
| 37 | 扎兰屯市采摘节 | 呼伦贝尔市 | 8月下旬 | 2008年 | 8 |
| 38 | 固阳秦长城文化旅游节 | 包头市 | 8月下旬 | 2003年 | 13 |
| 39 | 大青沟民俗文化旅游节 | 通辽市 | 8月16日 | 2002年 | 14 |
| 40 | 哲里木赛马节 | 通辽市 | 8月18日 | 1995年 | 20 |
| 41 | 中国契丹辽文化节 | 赤峰市 | 8月18日 | 2013年 | 3 |
| 42 | 巴林石节 | 赤峰市 | 8月18日 | 2000年 | 16 |
| 43 | 萨拉乌苏民间艺术节 | 鄂尔多斯市 | 8月中旬 | 2006年 | 10 |
| 44 | 国际红山文化节 | 赤峰市 | 8月中旬 | 2006年 | 10 |
| 45 | 二人台艺术节 | 包头市 | 8月中旬 | 2011年 | 6 |
| 46 | 沙漠文化旅游节 | 通辽市 | 9月 | 2008年 | 8 |
| 47 | 响沙湾旅游节 | 鄂尔多斯市 | 9月 | 2008年 | 8 |
| 48 | 中国河套葵花节 | 巴彦淖尔市 | 9月28日至10月2日 | 2002年 | 14 |

续表

| 序号 | 节庆旅游名称 | 举办地 | 举办时间 | 创始年 | 届数 |
|---|---|---|---|---|---|
| 49 | 全国产业职工书法节 | 乌海市 | 9月初 | 2006年 | 10 |
| 50 | 国际金秋胡杨生态旅游节 | 阿拉善盟 | 9月末至10月初 | 2000年 | 16 |
| 51 | 包头合唱艺术节 | 包头市 | 9月上旬 | 2013年 | 3 |
| 52 | 卫拉特文化艺术节 | 阿拉善盟 | 9月上旬 | 2013年 | 3 |
| 53 | 阿拉善奇石文化旅游节 | 阿拉善盟 | 9月下旬 | 2004年 | 12 |
| 54 | 察干伊德文化节 | 锡林郭勒盟 | 9月中旬 | 2006年 | 10 |
| 55 | 内蒙古环多伦湖公路自行车赛 | 锡林郭勒盟 | 9月8日 | 2007年 | 9 |
| 56 | 主题合唱节 | 呼和浩特市 | 10月下旬 | 2008年 | 8 |
| 57 | 阿尔山冰雪节 | 兴安盟 | 11月下旬至次年3月 | 2004年 | 12 |
| 58 | 鄂温克牧民家庭那达慕 | 呼伦贝尔市 | 12月末 | 2003年 | 13 |
| 59 | 克什克腾旗冬季旅游节 | 赤峰市 | 12月末至次年1月 | 2006年 | 10 |
| 60 | 中国开雪节 | 呼伦贝尔市 | 12月下旬 | 2004年 | 12 |
| 61 | 满洲里国际冰雪节 | 满洲里市 | 12月下旬 | 1998年 | 18 |
| 62 | 复兴水库冬季捕鱼节 | 呼伦贝尔市 | 12月下旬 | 2012年 | 4 |
| 63 | 哈撒儿祭祀文化节 | 包头市 | 12月下旬 | 2013年 | 4 |
| 64 | 中国冷极节 | 呼伦贝尔市 | 12月下旬 | 2013年 | 3 |
| 65 | 美林谷冰雪节 | 赤峰市 | 12月下旬至次年2月 | 2013年 | 3 |
| 66 | 岱海温泉冰雪旅游节 | 乌兰察布市 | 12月下旬至次年3月 | 2004年 | 12 |
| 67 | 扎兰屯金龙山滑雪节 | 呼伦贝尔市 | 12月15日 | 2008年 | 8 |
| 68 | 伊金霍洛旗圣火文化节 | 鄂尔多斯市 | 农历腊月二十一至正月十五 | 2011年 | 5 |
| 69 | 南海河灯旅游文化节 | 包头市 | 农历七夕 | 2009年 | 7 |
| 70 | 国际游牧文化节 | 锡林郭勒盟 | 农历五月十三 | 2003年 | 13 |
| 71 | 鄂温克瑟宾节 | 呼伦贝尔市 | 农历五月中下旬 | 传统节日 | |

资料来源：内蒙古旅游局、中华节庆网 http：//www.zhjqw.org。

# 第二节　内蒙古自治区节庆旅游活动分类

主题是节庆旅游活动的主要特征之一，也是旅游者选择节庆旅游活动的重要依据之一，立意明确和富有新意的主题是节庆活动策划价值的体现。内蒙古自治区主要节庆旅游活动按照主题分为七大类，如表6－2所示。

表 6-2　内蒙古自治区节庆旅游类型（按主题分类）

| 类型 | 节庆旅游名称 | 数量（个） |
| --- | --- | --- |
| 自然景观型 | 包头黄河湿地风情节、阿尔山圣水节、宁城县旅游文化节、乌拉盖湖旅游节、沙漠文化旅游节、国际金秋胡杨生态旅游节、克什克腾旗冬季旅游节、中国开雪节、中国冷极节、美林谷冰雪节、岱海温泉冰雪旅游节 | 11 |
| 历史文化型 | 额尔古纳巴斯克节、三娘子旅游文化节、元上都文化旅游节、察哈尔文化旅游节、喀喇沁王府旅游节、河套文化艺术节、托克托县黄河文化旅游节、固阳秦长城文化旅游节、中国契丹辽文化节、伊金霍洛旗圣火文化节、国际游牧文化节、鄂温克瑟宾节、哈撒儿祭祀文化节 | 13 |
| 民俗风情型 | 银色乌珠穆沁冰雪那达慕、鄂伦春旗篝火节、鄂尔多斯国际马文化节、大青沟民俗文化旅游节、萨拉乌苏民间艺术节、卫拉特文化艺术节、南海河灯旅游文化节、鄂温克牧民家庭那达幕 | 8 |
| 物产特产型 | 大明庙会、阿拉善丁香节、阿尔山杜鹃节、达茂旗马文化节、黄河鲤鱼文化节、盛乐芍药旅游节、武川莜面文化节、骆驼旅游文化节、白云鄂博国际奇石文化节、兵器工业旅游节、巴林石节、中国河套葵花节、阿拉善奇石文化旅游节、察干伊德文化节、复兴水库首届冬季捕鱼节 | 15 |
| 竞赛运动型 | 扎兰屯市漂流节、中国草原皇家御马文化节、巴丹吉林沙漠探险旅游节、扎兰屯市采摘节、哲里木赛马节、内蒙古环多伦湖公路自行车赛、扎兰屯金龙山滑雪节 | 7 |
| 文艺娱乐型 | 敕勒川文化艺术节、乌兰牧骑艺术节、科尔沁民间文化艺术节、二人台艺术节、全国产业职工书法节、包头合唱艺术节、主题合唱节 | 7 |
| 综合型 | 乌拉特草原文化旅游节、鹿城之夏旅游节、成吉思汗文化周、那达慕、昭君文化节、内蒙古草原旅游节、国际红山文化节、响沙湾旅游节、阿尔山冰雪节、满洲里国际冰雪节 | 10 |

由图 6-1 可知，内蒙古自治区节庆旅游活动按主题分类，数量从高到低依次是物产特产型、历史文化型、自然景观型、民俗风情型、综合型，文艺娱乐型与竞赛运动型并列。由此可见，依托当地物产、文化和自然特色所形成的节庆旅游活动最多；此外，大型综合类的节庆活动也有一定的数量，内蒙古自治区节庆旅游已有了相当程度的发展；竞赛运动型由于其倡导自然健康的理念，也被获得了很大程度上的关注；文艺娱乐型由于受到场地限制较小，是很有潜力的发展方向。

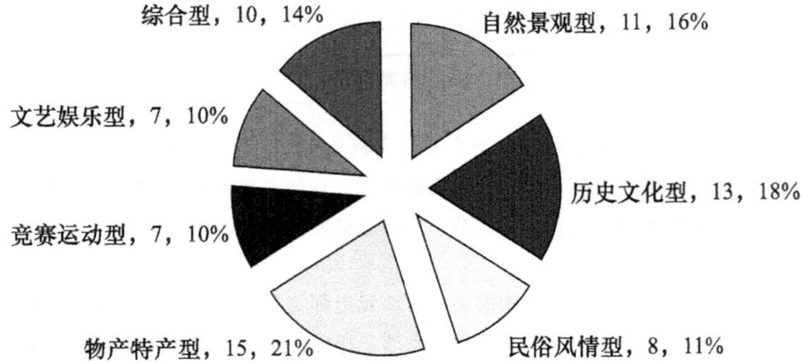


**图 6-1 内蒙古自治区节庆旅游活动各主题数量及其所占比例**

# 第三节 内蒙古自治区节庆旅游分布特征分析

## 一、时间分布特征

### （一）按月份分析

根据内蒙古自治区气候条件特征的不同，分为 3～5 月、6～8 月、9～11 月、12 月至次年 2 月四阶段对各个阶段的主要节庆旅游活动的数量进行了统计。

其中 3～5 月举办的节庆旅游活动有 7 个，占主要节庆旅游活动数量的 9.9%，相对而言是内蒙古自治区旅游和节庆旅游的淡季，这个阶段内蒙古自治区的气候特点是气温开始回升，气候较干燥，一些地区多伴有大风扬沙等现象，旅游者易产生不适感，这对旅游活动来说是劣势条件。

6～8 月举办的节庆旅游活动有 40 个，是总体上数量最多的一个阶段，占主要节庆旅游活动数量的 56.3%，这个阶段气候特点是气温和空气湿度适宜，降水适中，昼夜温差较大，极少出现闷热天气，这个阶段非常适合旅游者在内蒙古自治区进行户外游览、避暑休闲和体验采摘等活动，也是一年中内蒙古自治区节庆旅游的鼎盛时期。

9～11 月和 12 月至次年 2 月的节庆旅游活动各是 12 个，分别占主要节庆旅游活动数量的 16.9%。9～11 月这个阶段是内蒙古自治区即将进入深秋的阶段，这个时期气温逐渐变低，同时会伴有大风降温等天气，总览这个时期 12 个主要节庆旅游活动，多是以特产物产、文艺娱乐和体育竞赛为依托而举办的节庆旅游活动；12 月至次年 2 月这个阶段气候寒冷，多强冷空气和寒潮，非常适宜发展冬季冰雪旅游，同时内蒙古自治区有丰富的地热资源，可以将温泉与冰雪结合，开展康体养生类的节庆旅游活动，如图 6－2 所示。

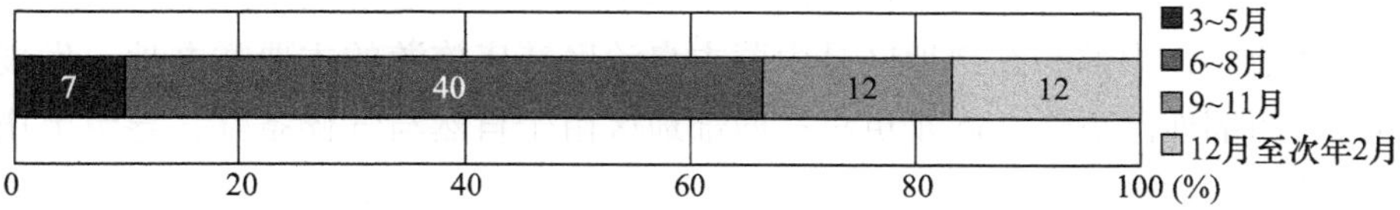


**图 6－2　内蒙古自治区节庆旅游各个阶段数量及百分比**

（二）按创始时间分析

内蒙古自治区节庆旅游活动，始创于 1999 年之前的有 10 个，占总数量的 14.1%；始创于 2000～2005 年的有 20 个，占总数量的 28.1%；始创于 2006～2010 年的有 25 个，占总数量的 35.2%；始创于 2011 年之后的有 16 个，占总数量的 22.6%。如图 6－3 所示。

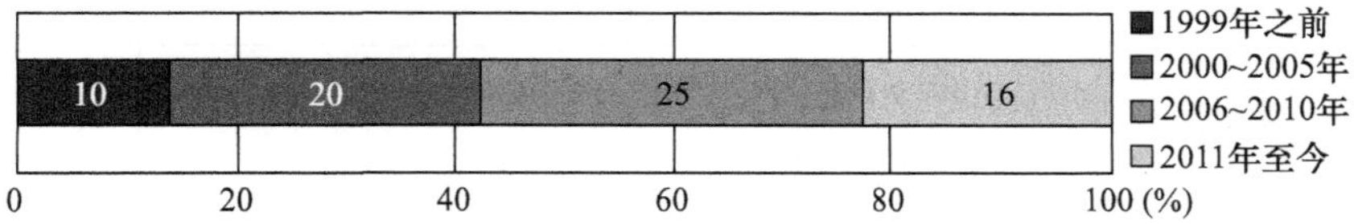


**图 6－3　内蒙古自治区节庆旅游按始创年份划分**

由以上统计数字可知，20 世纪 90 年代内蒙古自治区节庆旅游活动发展较缓慢，是萌芽阶段；进入 21 世纪，自治区节庆旅游进入了蓬勃发展的时期。值得关注的是，创办于 2006 年和 2008 年的节庆活动数量尤为突出，节庆的创办相对集中于这两个年份，如 2006 年举办的国际红山文化节、包头黄河湿地风情节、察干伊德文化节和 2008 年举办的响沙湾旅游节、科尔沁民间文化艺术节、元上都文化旅游节、察哈尔文化旅游节等。

## 二、空间分布特征

将内蒙古自治区按照东部、中部、西部的空间进行划分，统计各地区的节庆旅游活动数量，对内蒙古自治区节庆旅游活动的空间分布特征进行分析。其中，东部地区包含呼伦贝尔市、兴安盟、通辽市、赤峰市，中部地区包含锡林郭勒盟、乌兰察布市、呼和浩特市、包头市，西部地区包含鄂尔多斯市、巴彦淖尔市、乌海市、阿拉善盟。

内蒙古自治区节庆旅游活动在东部地区举办的有 26 个，占总数的 36.6%；中部地区有 29 个，占总数的 40.8%；西部地区有 14 个，占总数的 19.7%；在全区范围内举办的有 2 个，占总数的 2.9%，如表 6－3 所示。根据统计数据可得出，按不同的空间分布，内蒙古自治区中部地区节庆旅游活动举办数量最多，其次是东部地区，中部和东部地区是内蒙古自治区节庆旅游的主要举办地，发展速度相对于西部地区更快、起步更早；西部地区由于自然与气候条件，导致节庆数量相对较少，如图 6－4 所示。

**表 6－3　内蒙古自治区节庆旅游空间分布**

<table>
<tr><th>地区</th><th>盟市</th><th>节庆旅游名称</th><th>数量</th><th>总数</th></tr>
<tr><td rowspan="4">东部地区</td><td>呼伦贝尔市</td><td>额尔古纳巴斯克节、鄂伦春旗篝火节、扎兰屯市漂流节、扎兰屯市采摘节、鄂温克瑟宾节、鄂温克牧民家庭那达慕、中国开雪节、复兴水库首届冬季捕鱼节、中国冷极节、扎兰屯金龙山滑雪节、满洲里国际冰雪节</td><td>11</td><td rowspan="4">26</td></tr>
<tr><td>兴安盟</td><td>阿尔山杜鹃节、阿尔山圣水节、阿尔山冰雪节</td><td>3</td></tr>
<tr><td>通辽市</td><td>科尔沁民间文化艺术节、大青沟民俗文化旅游节、哲里木赛马节、沙漠文化旅游节</td><td>4</td></tr>
<tr><td>赤峰市</td><td>大明庙会、宁城县旅游文化节、喀喇沁王府旅游节、中国契丹辽文化节、巴林石节、国际红山文化节、克什克腾旗冬季旅游节、美林谷冰雪节</td><td>8</td></tr>
<tr><td rowspan="4">中部地区</td><td>锡林郭勒盟</td><td>银色乌珠穆沁冰雪那达慕、元上都文化旅游节、察哈尔文化旅游节、中国草原皇家御马文化节、乌拉盖湖旅游节、骆驼旅游文化节、察干伊德文化节、内蒙古环多伦湖公路自行车赛、国际游牧文化节</td><td>9</td><td rowspan="4">29</td></tr>
<tr><td>乌兰察布市</td><td>岱海温泉冰雪旅游节</td><td>1</td></tr>
<tr><td>呼和浩特市</td><td>盛乐芍药旅游节、武川莜面文化节、乌兰牧骑艺术节、昭君文化节、主题合唱节、托克托县黄河文化旅游节</td><td>6</td></tr>
<tr><td>包头市</td><td>包头黄河湿地风情节、达茂旗马文化节、黄河鲤鱼文化节、三娘子旅游文化节、鹿城之夏旅游节、敕勒川文化艺术节、白云鄂博国际奇石文化节、兵器工业旅游节、固阳秦长城文化旅游节、二人台艺术节、包头合唱艺术节、南海河灯旅游文化节、哈撒儿祭祀文化节</td><td>13</td></tr>
</table>

续表

| 地区 | 盟市 | 节庆旅游名称 | 数量 | 总数 |
|---|---|---|---|---|
| 西部地区 | 鄂尔多斯市 | 成吉思汗文化周、鄂尔多斯国际马文化节、萨拉乌苏民间艺术节、响沙湾旅游节、伊金霍洛旗圣火文化节 | 5 | 14 |
| | 巴彦淖尔市 | 乌拉特草原文化旅游节、河套文化艺术节、中国河套葵花节 | 3 | |
| | 乌海市 | 全国产业职工书法节 | 1 | |
| | 阿拉善盟 | 阿拉善丁香节、巴丹吉林沙漠探险旅游节、国际金秋胡杨生态旅游节、卫拉特文化艺术节、阿拉善奇石文化旅游节 | 5 | |
| 全区 | | 那达慕、内蒙古草原旅游节 | 2 | 2 |

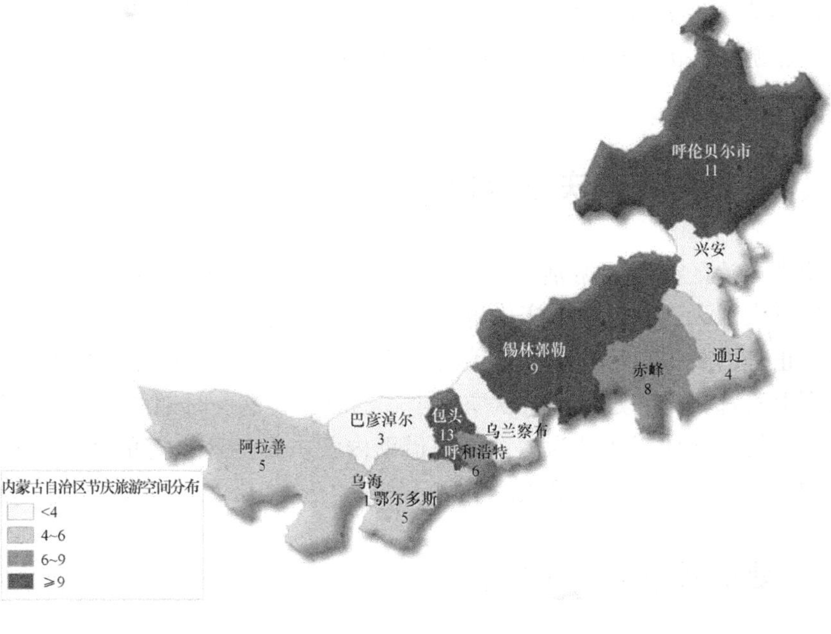


**图 6－4　内蒙古自治区节庆旅游数量空间分布示意**

## 第四节 内蒙古自治区节庆旅游特征

### 一、多样化的民族民俗文化

民俗又称民间文化，是指一个民族或一个社会群体在长期的生产实践和社会生活中逐渐形成并世代相传、较为稳定的文化事项，可以简单概括为民间流行的风尚、习俗。内蒙古自治区独特的自然环境造就了多种多样的民俗活动，如土默川平原的大窑文化，西辽河流域的红山文化，河套平原上的河套文化，广袤的草原造就的草原文化，因自然资源应运而生的民俗文化独具魅力。内蒙古自治区多民族的特征造就了丰富的民族民俗文化，民俗文化是内蒙古自治区旅游重要的组成部分，其彰显的民族特色使内蒙古旅游极具生命力和魅力，其中，较为典型且为人熟知的是蒙古族文化、达斡尔族文化、鄂温克族文化和鄂伦春族文化。在内蒙古自治区节庆旅游的开发过程中，一些成功的案例证明了内蒙古自治区民风民俗类节庆旅游发展潜力巨大，如锡林浩特市举办的元上都文化旅游节、通辽市举行的赛马节等。

### 二、季节性的节庆举办时间

内蒙古自治区节庆旅游活动呈现出明显的季节性特征。春季自治区气温较低，多半有大风天气，导致节庆旅游活动的开展受到限制，节庆旅游活动数量较少；夏季正是内蒙古自治区草场丰美的时节，这一时期开展的草原旅游活动从数量和规模上看都具有一定档次；秋季是丰收的时候，这一时期的节庆旅游活动多以地方物产特产和休闲运动为主；冬季借助内蒙古自治区良好的冰雪资源优势，发展了相当一部分冰雪旅游节庆活动。

### 三、草原冰雪主题鲜明

内蒙古自治区节庆旅游活动夏秋季节以弘扬草原文化和避暑消夏类主题为主，冬季以冰雪旅游活动为主，以草原和冰雪旅游作为主打，主题十分鲜明。

夏秋季节，由于内蒙古自治区气候气象条件较好、草场草被长势情况良好、草原可进入性较高，使夏秋季节成为最适宜旅游者出游草原的时节。内蒙古自治区草原资源主要分布于大兴安岭以西，阴山、贺兰山以北的内蒙古高原及其边缘地带的丘陵、山地以及鄂尔多斯高原，是我国的五大天然草场之一。内蒙古自治区的天然草场分布广、面积大，地域性特征明显，夏季视野开阔、气候温和，动植物景观多种多样，形态各异，是良好的展示自然特色、民俗民风的节庆旅游活动举办地。

冬季，由于内蒙古自治区富集冰雪资源，已在呼和浩特、阿尔山、根河、满洲里、赤峰等地建成了7处滑雪场。冰雪旅游并不仅限于冰雪运动，同时还开展冰雪民俗、冰雪观光、冰雪艺术，将自然雪景与人造景观相结合，可以体验别具一格的冰雪风光。以呼伦贝尔为例，呼伦贝尔拥有长达7个月的冰雪期，且因为不同的植被覆盖产生了多种景观，原生态的雪被条件使这里的冰雪旅游散发着独特的魅力，非常适合借助冰雪这个契机发展冬季节庆旅游。

通过节庆旅游这一平台整合而形成的夏季草原绿色旅游和冬季冰雪白色旅游主题，是内蒙古自治区节庆旅游的特色之一。

## 四、节庆旅游影响广泛

随着内蒙古自治区旅游节庆活动的开发与发展，节庆旅游活动的影响辐射范围也由区内向全国甚至国际化方向发展。如2010年，在第六届中国节庆产业年会上，内蒙古自治区呼伦贝尔市荣获了2010年中国节庆产业金手指奖十大节庆城市荣誉、呼伦贝尔冰雪那达慕荣获2010中国节庆产业金手指奖十大景观生态类节庆荣誉、扎兰屯市漂流节荣获2010中国节庆产业金手指奖十大运动赛事类节庆荣誉；2011年，由国家民族事务委员会、文化部、国家旅游局指导，中国人类学民族学研究会、国际节庆协会（IFEA）主办，中国人类学民族学研究会民族节庆委员会、国际节庆协会承办的第2届民族节庆峰会，评选出四大优秀节庆奖项，正蓝旗第3届中国·元上都文化旅游节获得最具国际影响力节庆奖；2014年，于广西梧州市举行的由中国人类学民族学研究会、国际节庆协会主办的第五届中国民族节庆峰会中，中国·呼和浩特昭君文化节、中国·呼和浩特少数民族文化旅游艺术节分别荣获最具民族特色节庆和最具创新价值节庆奖。

举办节庆旅游活动，是推出和展示内蒙古自治区旅游产品，扩大自治区知名度和影响力的一个重要载体，是旅游营销推介的重要平台。深入挖掘自治区特色文化，加强旅游产品开发力度，不断创新节庆活动形式和内容，强化旅游策划和营销手段，通过举办更高质量的节庆活动，自治区旅游资源和旅游文化将会得到推广。

## 五、节庆产业要素规模化

对于节庆旅游的发展来说，内外部产业规模化带来的经济性具有重要意义。内部产业规模化带来的经济性主要体现在节庆旅游主办方经营规模的扩大以及相关旅游产品的开发和服务成本的降低，以实现经营模式的优化；外部产业规模化指节庆旅游主办方不能靠一己之力所达成的产业链条，如在节庆旅游活动中共享的旅游资源、旅游基础设施、导游资源、策划与营销资源等。从理论和现实两方面出发，内蒙古自治区节庆旅游产业规模化的发展不能把节庆旅游看作个体，而是应该寻求内部协作，并通过产业化进行资源整合，在行业内部充分利用各类人力物力资源，规范节庆旅游服务，增强节庆旅游的特色，使节庆旅游资源更具可开发性和可持续性。一个综合性的旅游景区，其本身就是由多种多样的旅游资源组合而成的，这些旅游资源之间往往存在很大差异，发展、开发的程度也不尽相同。而一个旅游景区策划一个大型综合节庆活动，通常需要对全景区各项资源进行充分挖掘与调集，对旅游景区以一个整体来进行设计和整合，进行宣传和推广。这样，节庆旅游活动往往就起到了活化旅游景区内原有资源、整合推广各类旅游项目的作用。由于节庆活动的综合性和关联性，以及主办者“文化搭台、经济唱戏”的通行做法，也常会给景区发展提供新思路，带来新机遇，利用旅游节庆活动催生新的经营项目和旅游产品，从而促进和带动本地区域经济发展。

# 第五节　内蒙古自治区节庆旅游发展的 SWOT 分析

## 一、优势分析

### （一）区位优势

内蒙古自治区自东、南、西依次毗邻黑龙江省、吉林省、辽宁省、河北省、山西省、陕西省、宁夏回族自治区和甘肃省八省区，横跨东北、华北和西北三北地区，靠近京津地区、东北等中心市场和出海口，是环渤海经济圈的腹地和东北经济区的重要组成部分，也是华北连接大西北的经济通道。国家已将总面积11.4万平方千米的呼（和浩特）包（头）鄂（尔多斯）确定为国家级重点开发区。内蒙古自治区正在这里全力打造沿黄河、沿交通干线经济带，培育国家新的经济增长极。必将吸引大量生产要素向这里聚集；同时，这一区域的发展对沿黄河区域经济和环渤海经济圈发展也将产生重要影响。位于中俄边境的满洲里市是国家重点开放开发试验区。

内蒙古自治区北面与俄罗斯、蒙古国接壤，4221 千米边境线上有满洲里、二连浩特等 19 个口岸，分布在边境 14 个旗（市）以及呼和浩特市和呼伦贝尔市。对俄罗斯开放的有 6 个口岸：满洲里铁路口岸、满洲里公路口岸、黑山头水运口岸、室韦水运口岸、二卡公路口岸、胡列也吐水运口岸。对蒙古国开放的有 10 个口岸：二连浩特铁路口岸、二连浩特公路口岸、策克公路口岸、甘其毛都公路口岸、珠恩嘎达布其公路口岸、阿日哈沙特公路口岸、满都拉公路口岸、额布都格水运口岸、阿尔山公路口岸、巴格毛都公路口岸。有 3 个国际航空口岸：呼和浩特航空口岸、海拉尔航空口岸、满洲里航空口岸。内蒙古自治区具有依托口岸，利用两种资源、两个市场，发展国际物流贸易、进出口加工业、边境旅游业等产业的独特优势，也为国内各省区向北开放提供了有利条件。

（二）资源优势

内蒙古自治区素有“东林西铁，南粮北牧，遍地是煤”的美誉，经过建区后 60 多年的开发与建设，内蒙古自治区已经成为我国重要的能源生产基地和农畜产品生产基地。内蒙古自治区草原资源居全国五大草原首位，森林面积居我国第二位。

内蒙古自治区旅游资源丰富，且条件较好，空气自然清新，鲜少有工业污染，多样性的自然景观加之夏季凉爽的气候，是夏季避暑、休闲娱乐、草原旅游的好去处。总体来看，内蒙古自治区旅游资源具有多样性的特征，反映了文化多样性、民族多样性、景观多样性、生物多样性等旅游资源特征。

内蒙古自治区地处温带气候区，是我国跨经度最多的省份，特殊的地理位置和地势形成了多种气候类型，不同的气候类型又造就了各具特色的草原、沙漠、森林等多样性的植被景观，多样的生态系统造就了多个生态保护区，如锡林郭勒国家级草原自然保护区、赤峰大黑山天然阔叶林自然保护区、赛罕乌拉自然保护区等，同时保护区也是重要的生态旅游区。内蒙古自治区地理位置的特殊性决定了当地旅游资源的丰富，其经度几近跨越了全国的 2/3，纬度跨越了全国的 1/3，这样的地理位置导致了各地变化万象的自然景观，孕育了不同的各具特色的民族艺术和民俗景观。这些丰富的自然、人文景观是节庆旅游活动展开的基础。

截至 2004 年，内蒙古自治区共有自然保护区 188 个，其中国家级 18 处，自治区级 50 处。内蒙古自治区推动品牌旅游景区建设，以国家级品牌资源为依托，重点打造草原丝绸之路、长城、黄河、风情冰雪体验等品牌旅游线路；以民族历史文化为主题，重点打造成吉思汗、红山文化、西夏文化、辽文化、狼图腾等品牌旅游线路；以知名自然生态资源为基础，重点打造大兴安岭、额尔古纳界河、巴丹吉林沙漠等品牌旅游线路。

内蒙古自治区旅游资源的组合型优良，从自然资源间的组合来看，区内森林、草原、荒漠草原、戈壁形成的大地域的景观特征与其内部的湖泊、河流、山地、沙漠、森林、草原等所形成的旅游资源组合，在旅游市场有强有力的吸引力；从自然资源与人文资源的组合情况着眼，多样的自然景观与多民族在地域上的结合，极大程度上摆脱了旅游景观和产品单一性的束缚，使不同地域的旅游产品各具特色。

内蒙古自治区是多民族的地区，汉族、蒙古族、回族、满族、鄂温克族、鄂伦春族等星罗棋布地杂居在此。多彩的民族孕育了多彩的文化，从而内蒙古积淀起瑰丽厚重的文化富矿。内蒙古是人类文明的发祥地和草原文化的源头，匈奴、鲜卑、契丹、蒙古族等各北方民族的地上地下文物古迹遍布内蒙古，馆藏文物和散布各地的不可移动的文物古迹等物质文化遗产在全国首屈一指，现已发现各种文化遗存 1.5 万处，其中全国重点文物保护单位 35 处，自治区 158 处。内蒙古馆藏文物现有 50 余万件套，有些文物还到国外展出，内蒙古博物馆曾在美国举办过恐龙展和辽代文物展。独具草原特色和浓郁民族风格的民间文学、美术、音乐、舞蹈、曲艺、传统文化活动在内蒙古发扬光大。其中蒙古族长调歌曲、马头琴艺术、呼麦、好来宝、乌力格尔、蒙古族和达斡尔民族舞蹈、二人台、那达慕、祭敖包、赛马、摔跤、射箭等，在全国具有很大的影响力，有的已被列入全国非物质文化遗产名录。从 20 世纪 80 年代至今，已有近 200 个剧（节目）在国内外的重大文艺活动和比赛中获得 400 余个奖项。内蒙古自治区还拥有丰富的传统民族民间文化艺术资源，如绘画、书法、雕刻、民族工艺品制作等。

内蒙古自治区物产丰富，区内生长着经济价值较高的野生植物 600 多种，其中罗布麻、芦苇等 70 多种纤维植物是造纸、制绳和人造棉的重要原料；榛子、山杏、文冠果、红豆等是良好的油料植物和制酒野果；柞树的橡籽、沙枣等 50 多种植物含有丰富的淀粉，可以加工成面粉、粉条、糖稀、糖色等。内蒙古自治区还是中国中草药生产基地之一。现已发现药用植物 500 多种，有甘草、黄芪、肉苁蓉、赤芍、麻黄、桔梗、知母、柴胡、苍术、远志、车前子、龙胆草等几十种药材。鸟兽类有雁鸭类和雉鸡类；紫貂、马鹿和驼鹿等。内蒙古自治区又是牛、羊、驼、马之乡。还有黄河美鲤、河套蜜瓜、中华麦饭石、巴林鸡血石等，都是内蒙古自治区特产。美食有烤全羊、烤羊腿、奶豆腐、马奶酒等。特色名产有蒙古族容器、小马头琴、蒙古刀、包头仿古地毯等。

## 二、劣势分析

### （一）宣传指向模糊，手段落后

在人们原来固有的生活环境和模式下，要促发他们对一个旅游地产生兴趣，心生向往并进而付诸行动探访体验，在不失真实的、不损害公众利益的前提下，一定程度的宣传是十分必要的。而将现代传播学和公共关系学的技巧和原理用于旅游业，对于旅游景区、景点的企划经营是十分适用的。对于那些丽质天成、景色优美、旅游资源丰富但原来却并不广为人知的旅游景区而言，尤其如此。而结合景区实际，策划一些既富有景区特点又有针对性的节庆活动，作为旅游景区宣传的最佳载体，是吸引媒介和公众注意力自然而理想的手段。一次组织得当、形式新颖、风情浓郁的节庆活动，通过媒介的传播，对当地知名度的提高、客流的增加、经济的拉动等，无疑都将起到良好的促进作用。旅游节庆营销是将旅游节庆产品信息通过新闻媒体报道、广告宣传等形式适时传播，产生市场轰动效应，引起人们的注意。简而言之，就是节庆活动的营销者和旅游者之间的信息沟通。

内蒙古自治区所举办的绝大部分节庆旅游活动预告与情况，只是在举办期间利用本地电视台、广播无线传媒和报纸杂志等纸质媒体报道，虽然一些主办方也通过平面广告、印发传单、召开新闻发布会等形式进行宣传，但后期宣传不能积极跟进，对宣传力度投入不够大、目标定位不够准。另外，有关宣传节庆旅游活动的网站建设不完善，一些网站制作不够精良且网络服务器条件较差，从而导致宣传不够及时。

### （二）跟风办节严重，缺乏精品

内蒙古自治区节庆旅游活动数量众多，但具有国际影响力的品牌节庆活动相对较少，而能持续举办并发展成为国际节庆活动是证明节庆活动影响力的力证。仍存在着一定数量的主题不明、策划缺失的商业节庆，急求商业化导致一些节庆活动充斥着庸俗。大举办节，斥巨资打造的开场仪式随之而来的却是单薄又冷清、轻描淡写的节庆活动内容，这样虎头蛇尾的情况也时常有之。缺乏对文化内涵的深入挖掘和产品开发的创新意识。

在内蒙古自治区节庆旅游业中，一些节庆项目太过于注重追求节庆品牌化和产业化效应，在没有经济文化基础的情况下盲目跟风、急功近利，忽略了节庆要围绕当地的文化、资源、产业来办的根本原则，科学办节的指导思想在实践过程中演变成无文化之本的凭空造节和无端渲染，从而损害了节庆活动的生命力。

### （三）市场运作缺乏，政府主导严重

内蒙古自治区节庆旅游活动不考虑地方自身硬性条件和节庆的发展水平，只是一味地在政府主导下运作，由政府出资和协调，其中的缺点是显而易见的。随

着节庆活动的深入开展，最终可能导致由于资金链断裂造成节庆旅游活动勉强维持，同时企业方面参与性较差导致了节庆活动吸引力不足。市场化运作模式缺乏严重限制了内蒙古自治区节庆旅游的长期发展。市场化是指在活动的策划和实施过程中，引入市场机制，将节庆的可持续发展纳入考虑，而不是单纯进行节庆活动。节庆旅游活动的最终成功，需要的不仅仅是合理严格的策划手段和营销模式，同时更需要市场化运作。设立节庆旅游活动的一个首要目标就是利益，因此节庆旅游要健康发展必须通过市场化动作。

## 三、机遇分析

### （一）良好的国内外旅游业发展势头

内蒙古自治区当地社会经济的稳定发展和节庆旅游的发展始终是互相推动、互相促进的，和谐的社会经济发展条件是节庆旅游发展的基础，节庆旅游的发展促进了内蒙古自治区社会经济的发展。

通过分析内蒙古自治区 2005 ~ 2013 年与经济增长相关的部分数据，可以得出：内蒙古自治区国民生产总值和城镇居民人均可支配收入增长趋于一致且保持着稳定增长的势头；内蒙古自治区国际旅游收入和国内旅游收入二者涨幅大致趋同，且增长情况稳定；内蒙古自治区三大产业生产总值都呈良好上升趋势，第一产业增幅最小，第三产业增幅最大，由此可见，内蒙古自治区第三产业发展的势头良好。通过分析，可以得出内蒙古自治区社会经济发展状况和产业结构发展状况皆符合经济发展的一般规律，如图 6 –5、图 6 –6 和图 6 –7 所示。

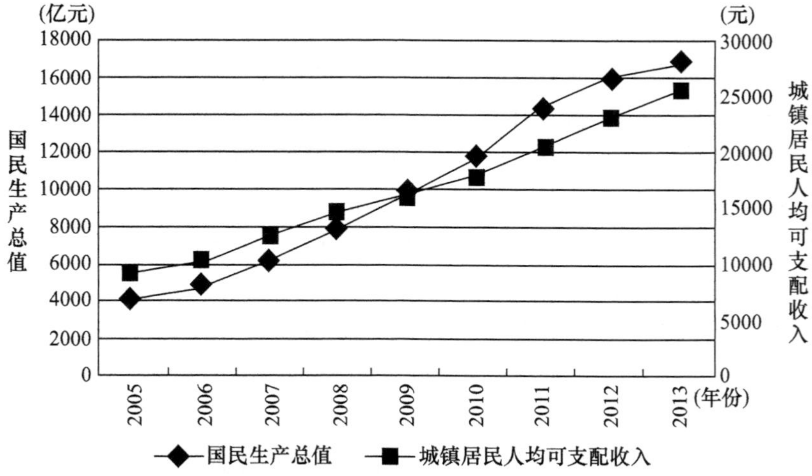


图 6 –5　内蒙古自治区 2005 ~ 2013 年国民生产总值与城镇居民人均可支配收入发展趋势

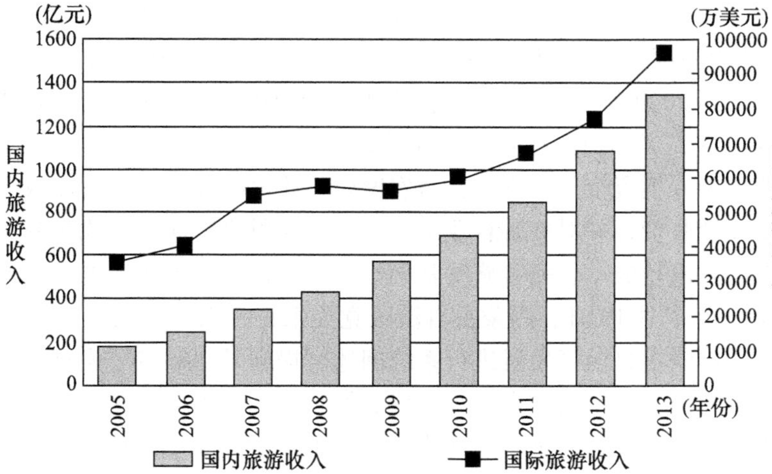


**图 6-6　内蒙古自治区 2005～2013 年国内旅游收入和国际旅游收入变化趋势**

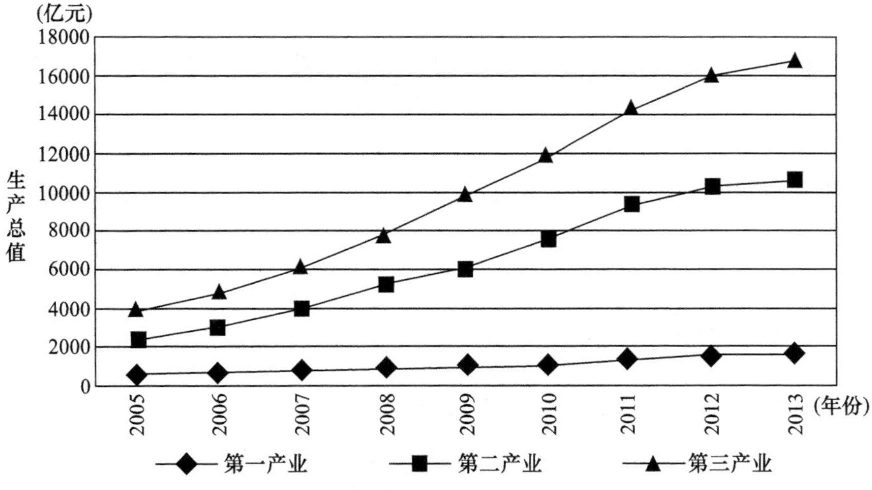


**图 6-7　内蒙古自治区 2005～2013 年三大产业发展趋势**

## （二）日趋完善的政策体制

长期以来，内蒙古自治区一直保持着边疆安全、民族团结和政治稳定的良好局面。20 世纪 50 年代，曾被周恩来总理誉为模范自治区。近年来，国家和内蒙古自治区出台了一系列促进旅游业发展的政策措施。2013 年 1 月 11 日，国务院印发了《降低流通费用提高流通效率综合工作方案》，提出要深入推进收费公路专项清理，降低偏高的车辆通行费收费标准，逐步推进西部地区取消政府还贷二级公路收费工作。2 月 2 日，国务院出台了《国民旅游休闲纲要》，提出要落实《职工带薪休假制度》，完善休假保障措施，逐步增加旅游休闲公共服务设施建设资金投入，到 2020 年基本建成现代国民旅游休闲体系。2013 年 1 月 24 日，内蒙古自治区出台了《加快服务业发展若干政策规定》，明确提出对旅游包机业务安排服务业发展专项资金予以支持，对农家乐、牧户游等旅游项目免收自治区批准的行政事业性收费，并对旅游企业组织旅游团在税收方面给予优惠政策。这些政策在降低游客出行成本、完善旅游基础设施、扶持旅游企业发展等方面具有重要作用。2013 年 3 月 19 日，内蒙古自治区党委书记在自治区贯彻全国两会精神大会指出的对内蒙古自治区发展进行系统阐述时提出了“8337”发展思路。其内容包括：八个建成，要把内蒙古自治区建成保障首都、服务华北、面向全国的清洁能源输出基地，建成全国重要的现代煤化工生产示范基地，建成有色金属生产加工和现代装备制造等新型产业基地，建成绿色农畜产品生产加工输出基地，建成体现草原文化独具北疆特色的旅游观光休闲度假基地，建成我国北方重要的生态安全屏障，建成祖国北疆安全稳定屏障，建成我国向北开放的重要桥头堡和充满活力的沿边开放带；三个着力，着力调整产业结构，着力壮大县域经济，着力发展非公有制经济；三个更加注重，更加注重民生改善和社会管理，更加注重生态建设和环境保护，更加注重改革开放和创新驱动；七个重点工作，全力推动经济持续健康发展，提高经济增长的质量和效益，做好“三农三牧”工作，推进城镇化和城乡发展一体化，改善民生和社会管理创新，深化改革开放和推动科技进步，提高党的建设科学化水平。

## 四、威胁分析

### （一）国内各省区旅游业竞争激烈

目前我国许多省区都将加快旅游业发展作为扩大内需、增加就业的重要途径，旅游竞争日趋激烈，国家收入分配制度改革等一些利好政策的实际落实仍然需要一段时间。2013 年，唐人中国城市旅游竞争力年会暨 2013 年度中国旅游竞争力百强城市（区、县）唐人排行榜发布盛典在北京举行。年会总结了 2006 年发起至今的中国城市旅游竞争力评价发展情况，发布了《2013 年度中国城市旅游竞争力研究报告》《2013 中国城市旅游发展研究报告》、2013 年度中国旅游竞争力百强市（区、县）唐人排行榜。在 2013 年城市综合旅游投资竞争力排名中，东部发达地区的城市表现强劲，中部地区城市旅游投资竞争力也表现不俗，而西部地区整体城市旅游投资竞争力最弱，其中青海省、西藏自治区、新疆维吾尔自治区、甘肃省、内蒙古自治区等省区除去个别中心城市排名较高之外，其他大多数城市排名较为靠后。

（二）区内同类型、同主题节庆的竞争

通过统计内蒙古自治区草原文化、沙漠文化、马文化、奇石文化、冰雪文化五种主题的节庆旅游活动，可以看出，内蒙古自治区同类型节庆旅游活动较多，主题雷同率高。从市场竞争的角度来看，同类型的节庆活动易产生大吞小的现象，新生节庆旅游活动发展容易受挫；从旅游者的角度来看，同类型的节庆旅游活动可能造成审美疲劳和选择困难等现象。如表6－4所示。

**表6－4 内蒙古自治区同类型节庆旅游活动统计**

| 主题 | 节庆旅游名称 | 数量（个） |
| --- | --- | --- |
| 草原文化 | 乌拉特草原文化旅游节、内蒙古草原旅游节、那达慕 | 3 |
| 沙漠文化 | 巴丹吉林沙漠探险旅游节、沙漠文化旅游节、响沙湾旅游节 | 3 |
| 马文化 | 中国草原皇家御马文化节、鄂尔多斯国际马文化节、哲里木赛马节 | 3 |
| 奇石文化 | 白云鄂博国际奇石文化节、巴林石节、阿拉善奇石文化旅游节 | 3 |
| 冰雪文化 | 银色乌珠穆沁冰雪那达慕、阿尔山冰雪节、克什克腾旗冬季旅游节、中国开雪节、满洲里国际冰雪节、美林谷冰雪节、扎兰屯金龙山滑雪节 | 7 |

# 第六节 内蒙古自治区节庆旅游发展对策分析

## 一、把握主题定位，认准市场需求

旅游市场需求是指在一定时期内、一定价格上，旅游者愿意并能够购买旅游产品的数量，即某一价格下所有旅游者对旅游产品需求数量的总和。节庆旅游活动的内容应与内蒙古自治区本地的形象定位相互绑定，把握住主题定位，进而策划出有创新、有价值的节庆旅游活动主题，同时加强与居民和旅游者的沟通，了解其需求，有针对性地开发出多形式、多层次的节庆旅游活动。节庆旅游活动的主题决定着其内涵，在主题确定后，无论是在节庆活动的策划和组织上，还是在各项活动内容和各个细节安排上，都必须围绕着主题进行。

## 二、引入市场机制，拓宽市场影响

根据各节庆发展情况不同，市场化运作的程度也需要进行调整。内蒙古自治区节庆旅游发展初期，主要靠政府扶持，通过资金供应和政策让位等方式提供了多方面的支持。但政府运作模式的作用是优先的，对于逐渐发展成熟的节庆旅游，最终还是要向市场化运作模式发展。在政府对于节庆活动初期的引导工作进行完毕后，政府部门需要转换视野，从主导运作向监督引导发展，而节庆活动本身的运作由市场操作完成，这是内蒙古自治区节庆旅游获得发展的必由之路。节庆旅游的市场化运作，有助于合理配置旅游资源，节约成本，更好地获得经济效益，同时企业和社会各界共同参与节庆活动策划与促销，可以促使节庆旅游活动的发展，有助于塑造企业和政府的形象。同时，政府在节庆旅游活动主导地位上的淡出，有助于增强节庆旅游生命力，提升节庆旅游的宽度和广度，进一步提高节庆旅游活动的质量和素质，形成良性循环。

## 三、规范旅游环境，完善基础设施

旅游基础设施是指为适应旅游者在旅行游览中的需要而建设的各项物质设施的总称，是发展旅游业不可缺少的物质基础。主要包括旅游饭店（宾馆）、旅游交通以及各种文化娱乐、体育、疗养等物资设备，如旅游交通、景区停车场、游客服务中心、旅游接待服务基础设施、旅游口岸、旅游安全、旅游环境保护等内容。随着旅游业的发展，特别是休闲度假旅游的快速升温，游客对旅游环境、交通状况、食宿条件等方面提出了更高的要求，而内蒙古自治区一些地方的基础设施薄弱，硬件不足，软件缺乏的问题日益突出，已成为制约内蒙古自治区旅游业发展的“瓶颈”，尽快完善旅游基础设施就成为内蒙古自治区未来旅游产业发展的关键因素。加强旅游基础设施建设，不仅可以支持、引导新景区的合理开发，而且可以提高原有景区、景点的基础设施承载力，增强原有景区、景点的资源和生态环境保护能力，对原有景区内布局不合理的设施进行必要的调整。因此，加强旅游基础设施建设，对于加强景区的资源保护，促进旅游景区实施可持续发展，建设旅游目的地，具有积极的推动作用。

具体而言，内蒙古自治区节庆旅游相关基础设施的完善，应该主要通过景区之间旅游交通、景区内部交通、宾馆饭店、旅行社等几个要素进行完善。首先，围绕内蒙古自治区旅游景区布局，按照互联互通、快捷进出的原则，完善公路、铁路运输网络，重点发展和建设城际铁路、调整铁路和航空客运，构建以航空、高速铁路、城际铁路、高速公路为主骨架，干线公路、景区专用道路为补充，方便快捷的现代综合旅游交通体系，重点加强旅游景区与干线公路以及旅游景区之间连接道路建设，完善供水供电、消防安防、环境卫生、游览服务等配套设施，改善景区综合环境，提高接待能力和景区景点的可进入性。其次，景区内部旅游道路、景区停车场、游客服务中心、旅游厕所、旅游安全以及资源环境保护等是一个景区必备的基础设施，直接关系到旅游者到达目的地的环境与质量。为此，根据旅游者需要，投入资金加以配套，以改善旅游环境，不断提升节庆旅游活动的品质和档次。最后，建立与内蒙古自治区节庆旅游产品和市场需求相适宜的酒店，积极引导开发度假型、商务型、生态型、会议型、主题型以及家庭旅馆、汽车旅馆等多种类型的住宿设施，重点发展旅游商务酒店、会议酒店和度假酒店等特色饭店，增强对来内蒙古自治区节庆旅游的接待能力和水准。调整餐馆档次结构，形成特色多样化、层次各异的餐馆，形成中高档餐饮、西式餐饮、休闲餐饮、乡村餐饮、夜排档餐饮等多种类、多主题的餐饮网络体系，满足内蒙古自治区客源市场多元化需求。

## 四、合理有效宣传，打造节庆品牌

合理有效的节庆旅游宣传，能够激发旅游者的参与热情，扩大社会影响，为节庆旅游活动树立良好的形象。针对内蒙古自治区节庆旅游宣传的具体举措，可以概括为以下几点：第一，把握有利时机宣传内蒙古自治区节庆旅游。将针对客源地近期市场宣传与远期市场宣传有机结合，内蒙古自治区本地宣传与周边省份宣传相结合，构建立体化的节庆旅游宣传体系。第二，利用新型媒体宣传内蒙古自治区节庆旅游。在巩固广播、电视、报刊等传统宣传方式的同时，积极倡导内蒙古节庆旅游业开通博客、微博宣传本地节庆旅游，主动运用时下流行的知名景区和节庆活动相关贴吧、论坛及视频网站上传简短的节庆旅游活动介绍，以供消费者免费观看，从而扩宽扩大宣传面。并建立激励机制，按期对制作精良、点击率高的博客博主，贴吧宣传员和视频作者进行奖励。第三，将以政府主导的节庆旅游宣传与各个景区景点的节庆旅游宣传活动相结合，促进节庆旅游宣传促销共同发展，提倡各个景区景点、旅行社、星级酒店到客源地市场开展各类特色宣传促销活动。第四，重视节庆旅游整体包装，并联动宣传促销。各个节庆旅游活动的宣传方式集中有限物力财力，将节庆旅游精品联合起来，以整合方式宣传促销，形成整体形象。在各种宣传活动中，要注重整体形象的塑造，统一宣传，提高影响力。第五，针对节庆旅游产品的购买要素，抓好节庆旅游宣传品、纪念品的设计与研发等各项基础性工作，积极开发富有内蒙古自治区节庆旅游特色的旅游商品。第六，运用名人效应，组织文化名人来内蒙古自治区采风观光，举办文化研讨会，大力开发文物旅游产品的文化内涵，邀请省内外旅行社来考察采线，积极推介旅游产品，或邀请文体娱乐界名人担任节庆旅游活动的代言人。并通过以上宣传促销手段，打造内蒙古自治区节庆旅游的整体形象，最终形成品牌效益。

## 五、加强市场调研，深化理论支持

市场调查就是指运用科学的方法，有目的地、有系统地搜集、记录、整理有关市场营销信息和资料，分析市场情况，了解市场的现状及其发展趋势，为市场预测和营销决策提供客观的、正确的资料。兵法云：知己知彼，百战不殆，而市场营销调研就如同知彼，摸清行情。运用在节庆旅游上，就是通过科学的方式方法，客观并系统地搜集、整合和分析节庆旅游相关的信息和数据，把握主办方、节庆旅游活动和旅游者之间多方面的信息，帮助节庆旅游策划和管理营销人员制定更有针对性的策划和营销方案。并通过节庆旅游市场调查，预测节庆旅游未来发展动向，给予节庆旅游经营者能够提前判断、正确决策的机会。另外还可以通过节庆旅游市场调查，发现市场中亟待改善的稀缺点和创新点，通过开发新型节庆旅游产品来满足不断变化的市场需求。

任何实践的发展都离不开理论的支持，在对节庆旅游的研究过程中，不仅要关注节庆旅游本身的各种概念进行分析，也要对各种实践情况进行总结和分析。关于节庆旅游理论体系的建立，可以通过以下四种渠道实现：首先运用多形式的项目加强对节庆旅游科研的组织和协调；其次为确保高质量的节庆旅游研究的产出，加强对节庆旅游研究人力、物力、财力等多方面的支持；再次建立科研奖励机制，按期对节庆旅游研究成果进行汇集并评奖评优，对产出优良作品的组织和个人进行奖励；最后支持形成节庆旅游相关的学会、研究会与行业协会，调动社会各界人才参与节庆旅游理论领域的研究工作。

# 第七章
# 内蒙古自治区旅游产业转型升级研究

## 第一节 内蒙古自治区旅游产业转型升级的本质内涵

旅游产业转型升级，就是要转变旅游产业的发展方式、发展模式、发展形态，实现旅游产业由粗放型向集约型发展转变，由注重规模扩张向扩大规模和提升效益并重转变，由注重经济功能向发挥综合功能转变，就是要提升旅游产业素质，提升旅游发展质量和效益，提升旅游市场竞争力。推进转型升级的基本思想，就是要以转变旅游发展方式为核心，以优化产业结构为基础，以推进集约型发展为重点，以提高旅游发展质量、效益和竞争力为目标，实现速度、质量、效益的协调发展。由此可见，转型升级已经成为目前旅游产业新的发展战略。转型升级既可以看作是未来旅游产业发展的一个战略方向，也可以看作是旅游产业进行战略调整的重要内容。

对于旅游产业来说，转型升级包含三个方面：第一，“结构性”转型升级，即“转型”的升级，旅游产业在不断的转型中实现升级，通过旅游产业结构的优化推动产业能级的提升。第二，“功能性”转型升级，即“升级”的转型，旅游产业在不断升级中推动转型，通过旅游产业能级的提升来完成产业结构的优化调整。前者“转型”的升级，侧重于依靠相关产业的发展来促进旅游业的升级，后者“升级”的转型，侧重于以旅游产业为龙头来带动相关产业甚至整个产业的转型。第三，无论是“转型”的升级还是“升级”的转型，都需要持续不断的创新。转型升级是一个可持续发展的过程。旅游创新，是旅游产业转型升级顺利实现的推动力。

内蒙古自治区社会经济发展进入到了新的历史阶段，旅游产业所处的环境和面临的形势也发生了深刻而重大的变化。内蒙古自治区旅游产业已经进入到了战略调整期，首先就是要进行旅游产业的转型升级。当前和今后一个时期，促进旅游产业的转型发展和升级换代，实现旅游产业又好又快协调发展，把内蒙古自治区从“旅游大区”建设成为“旅游强区”，是现阶段内蒙古自治区旅游业面临的重大而迫切的任务。在这样的背景条件下，内蒙古自治区旅游产业的产业功能、组织结构、形态特征、发展动力、发展模式等方面都将发生深刻变革：在产业功能上，旅游产业将凸显生活性功能，深化生产性功能；在产业特征上，旅游产业由初级形态向高级形态发展，加强产业内部分化和产业外部融合；在产业结构上，由单一结构向多元复合结构转化，优化组织结构；在动力机制上，由外生性带动转向内生性和外生性并举，供给推动和需求拉动双力并进；在发展模式上，由政府主导型向多元合作型迈进，由“引进来”转向“走出去”。经过改革开放 30 多年的发展，内蒙古自治区旅游市场体系日趋成熟，旅游产业规模逐步扩大，旅游产业结构更加优化，旅游产业能级不断提升，旅游产业运营机制更为完善，因此，大力推进旅游产业转型升级战略成为新时期内蒙古自治区旅游产业发展的必然要求。

## 第二节 内蒙古自治区旅游产业转型升级的特征与趋势

旅游产业转型升级具有系统性、动态性和针对性的特征。首先，现代旅游产业所涵盖的范围表现出较强的宽泛性，涉及众多的领域和群体。因此，旅游产业的转型升级必须正确处理好与其他产业、部门、企业之间的关系，实现彼此的融洽、协调发展。同时，要处理好旅游产业内部各组成要素之间的关系，实现内部构成成分的协调和有效配合，形成一个高效、和谐的运作系统。其次，现代旅游产业本身是一个动态的发展过程。最后，虽然旅游产业的转型升级是一种永恒的存在，但在每一个特定的发展阶段其转型升级的内容和要求是不同的。

从产业层面上进行分析，内蒙古自治区旅游产业的旅游需求，要由跑马观花式的感官旅游过渡到追求自由舒畅的体验旅游，由浅层次的旅游上升到深度旅游，由被动式旅游转变为主动式旅游；旅游产品，要由旅游观光型旅游产品过渡到休闲、度假以及商务等旅游产品，由单一旅游产品转变为个性化、复合型旅游产品；旅游形式，要由以团队为主逐步过渡到以散客、自助游形式为主，以包价旅游为主过渡到以半包价或部分包价为主；旅游消费，要以低层消费向高端消费过渡，游客的环保理念和公众意识引导旅游消费的升级；运行模式，要由点线旅游向板块旅游转变；旅游产业组织，要由单体组织向网络组织转变；经营模式，要由实体经营向虚拟经营发展，着重发展旅游电子商务；经营空间，要从一地经营向多地区和跨国经营转变；管理模式，要由部门管理向行业管理转变；营销方式，要由景区产品营销过渡到目的地形象营销，由传统营销过渡到现代“大营销”；旅游产业功能，要由生活性服务向生产性服务转变；旅游发展方式，要由粗放型向集约型转变，由注重规模扩张向扩大规模提升效益转变，由注重经济功能向发挥综合功能转变。

旅游业转型升级从根本上说是一种产业发展战略，是在政府主导下对未来旅游业发展制定的一种目标趋向与制度安排。它具体包括两个层面内容：一是旅游产业的转型升级，是通过产业结构的调整优化、产业功能的升级来提高旅游业的产业素质和产业地位；二是旅游企业的转型升级，是通过旅游企业总体经营战略的转型发展和业务价值的附加来实现旅游企业的转型升级。

内蒙古自治区旅游产业转型升级负载着三个基本任务，即实现旅游产业由粗放型向集约型方向转变，由注重规模扩张向扩大规模和提升效益并重转变，由注重经济功能向发挥综合功能转变。最后实现三个基本目标，即提升旅游产业素质，提升旅游发展质量和效益，提升旅游市场竞争力。

旅游业是一个涉及范围广、关联度高的产业，较容易受外界多种因素的影响，行业的敏感性和脆弱性使旅游业在发展过程中不得不时刻关注内外环境的变化，及时调整发展战略。从发展的角度来看，对于内蒙古自治区旅游产业来说，有利的外部环境能够提供好的战略机遇，而不利的发展环境则为旅游业的转型升级带来挑战；另外，内蒙古自治区旅游产业的自身优势为进一步升级发展奠定了良好的基础，而自身的劣势和不足则成为其未来的发展空间和潜力生长点。

内蒙古自治区旅游产业的转型升级受众多因素的影响，通过对这些因素变化的分析可以预测未来旅游产业转型升级的发展态势和趋势。2004 年《中国旅游产业转型年度报告》（以下简称《报告》）从七个方面对中国旅游产业转型的方向进行了分析归纳，如表 7－1 所示。虽然《报告》对旅游产业转型的方向还只停留在一种预期状态，并且结论也未必就是未来旅游产业转型升级的现实状态，但其所提供的研究视角和思路却对内蒙古自治区进行旅游产业转型升级方向的研究具有重要的指导和借鉴意义。因此，虽然无法确切地预测内蒙古自治区旅游产业转型升级的具体状态，但大体上可以得知总的趋势，是由低级到高级、由简单到复杂、由单一到综合的逐渐进步、逐渐提升的过程。

表 7-1　中国旅游产业的转型方向

| 角　度 | 转　变 |
| --- | --- |
| 旅游产业功能 | 推动增长──→扩大就业 |
| 旅游实现方式 | 点线旅游──→板块旅游 |
| 旅游产业组织 | 单体组织──→网络组织 |
| 旅游经营空间 | 一地经营──→跨区经营 |
| 旅游管理模式 | 部门管理──→行业管理 |
| 旅游产品形式 | 单一观光──→多种复合 |
| 旅游消费效果 | 小康旅游──→旅游小康 |

## 第三节　内蒙古自治区旅游产业转型升级的途径与内容

内蒙古自治区旅游产业的转型升级能否成功、能否收到预期的效果，在很大程度上取决于对转型升级途径与内容的准确把握和理解。虽然旅游产业转型升级的内容丰富、途径众多，但是归纳起来主要分为以下几个不同的层面：

### 一、旅游产业的转型升级

内蒙古自治区旅游产业既要提升构成整个产业结构各组成要素的自身素质，又要注重整个产业结构内部各组成要素之间的配合与协调，通过合理配置旅游六要素，以点连线带面，纵横贯通，实现旅游产业转型升级。首先，要以旅行社的产品组合出售为龙头带动其他各要素的调整升级，组建集旅行社、餐饮饭店、汽车公司于一体的旅游集团公司，通过拓展企业规模、延长产业链条来增强旅游产业的活力和竞争力。其次，要以旅游景点的开发与经营为基础，协调好交通、饭店、旅行社之间的供需与产销合作关系，精心打造合作紧密、协调顺畅的利益共同体，实现旅游产业整体素质的提升。最后，要以旅游者旅游需求的满足为核心，统筹规划旅游产业各个组成要素、各个环节有效整合与衔接，消除自然型经济、粗放型经济和非市场经济的制约，实现产业静态协调与动态发展的平衡，促进旅游产业整体水平的升级。

## 二、旅游市场的转型升级

内蒙古自治区要准确定位旅游需求的变化，适时调整和提升市场营销策略，及时调整思路和对策，同时兼顾国内和国际两个市场，构建结构合理、开发有序的客源市场体系，促进产业素质的提升。目前，现代旅游者旅游需求变化的总趋势是由传统的观光旅游逐渐转向个性、休闲、高端、散客和特定区域方向发展，偏爱围绕一两个中心城市进行旅游观光、休闲度假、娱乐康体、购物消费等综合目的的区域旅游。经过改革开放 30 多年的发展，内蒙古自治区旅游业的发展已经由最初的优先发展入境旅游，向以扩大内需为主，入境旅游、国内旅游和出境旅游共同发展方向调整，并且从一定意义上来说，目前的国内旅游已经成为内蒙古自治区旅游业发展的主体和核心。因此，旅游产业的转型升级必须根据国内、国际旅游市场的需求变化，来定位和把握转型升级的内容和层次，做到统筹兼顾，主次分明，实现旅游市场的协调发展。

## 三、旅游企业的转型升级

内蒙古自治区旅游企业转型升级的关键在于实现旅游企业由国营为主、粗放经营向民营为主、集约化经营，走“政府引导、市场运作、多元投资、企业经营”的发展道路。要以旅游者的需求为核心，突出个性化服务，提高旅游供给水平，调整企业发展方向和发展目标，实现企业效益的提升。同时积极推进和强化旅游企业管理和旅游服务的创新，通过引进和推广现代经营管理模式，推进品牌化、集团化、网络化发展等方式提升旅游企业的素质。此外，积极引进国外资金、人才、技术和管理模式，提倡旅游企业参与国际市场竞争。

## 四、旅游产品的转型升级

旅游产品是吸引旅游者的动因，它是直接面对旅游者的旅游对象和客体。内蒙古自治区旅游产品转型升级要实现其由粗放型、单一型向精品化、系列化的方向发展，由观光型向休闲型、主题型、度假型和个性化方向演进。首先，要以市场为导向，根据旅游者需求的变化，及时调整和改进旅游产品的开发与设计，满足旅游者的个性需求。其次，要通过文化包装、文化创意、文化经营等方式精心打造文化主题型旅游产品，深入发掘其文化内涵，增强文化品位和市场竞争力。最后，要运用先进的科学技术手段来开发科技含量高、具有现代气息的旅游产品，以满足旅游者追求新、奇、特的旅游心理。

### 五、旅游人才培养的转型升级

旅游业的竞争归根结底是人才的竞争，培养和造就基础理论深厚、动手能力强、专业技能扎实的应用型和创新型的旅游专门人才是内蒙古自治区旅游业转型升级的关键。根据内蒙古自治区旅游市场的需要确定人才培养的目标、模式、途径和方法，做到人尽其才，最大限度地满足旅游市场的需求。要想使所培养的旅游人才能够胜任复杂的旅游服务与旅游管理工作，就要改变现有旅游人才的培养模式，加大对复合型、应用型人才的培养力度。同时，突出旅游人才培养的超前性，坚持超前意识、创新意识，使所培养的人才充分发挥作用，站在时代前沿。

## 第四节　内蒙古自治区旅游产业转型升级的限制因素

### 一、内蒙古自治区旅游产业转型升级的现实挑战

从国际国内经济形势来看，国际政治格局动荡不安，世界经济形势风云变幻，由次贷危机引发的西方金融经济危机愈演愈烈，石油、粮食问题不容乐观，国际性通胀明显，美元汇率持续弱势、股市暴跌和楼市崩盘与低迷不振等，都严重影响了投资者心理预期和消费者的消费需求。国内经济下行，股市、楼市持续走低，自然灾害频发，食品安全及流行性疾病等不可控因素增多等，这一系列事件不仅经济损失严重，而且影响国民经济的正常运行。国内经济整体减弱，必然会对我国入境旅游收入、旅游企业投资和国内旅游消费产生不同程度的负面影响。在这种形势下，国际国内旅游市场竞争势必加剧，旅游业持续快速增长的压力必然加大。内蒙古自治区作为我国北部边疆民族地区，也同样会面临各种风险和困难。所以，严峻形势和现实挑战要求内蒙古自治区旅游产业必须加快转型升级的步伐，提高应对化解危机的能力。

## 二、内蒙古自治区旅游产业转型升级的限制因素

内蒙古自治区旅游产业发展的限制因素相当明显，在一定程度上影响和制约着内蒙古自治区旅游产业的发展。第一，内蒙古自治区旅游资源优势还没有很好地转化为旅游经济优势，旅游业发展整体水平还不高，与国内先进地区相比还有很大差距，与人民群众对旅游业发展的新期待还不相适应。第二，全国特别是周边省份旅游产业发展步伐不断加快，给内蒙古自治区旅游产业发展带来了巨大的竞争压力。与此同时，内蒙古自治区旅游产业发展过程中存在的旅游资源整合不够、旅游品牌知名度不高、发展方式比较粗放、旅游基础设施建设滞后等问题。第三，与国内外旅游企业集团相比，内蒙古自治区旅游企业整体实力不高，后劲不足，经济效益难以大幅提升。内蒙古自治区旅游企业分散、弱小、混乱，缺乏大型国际化旅游集团的引领。第四，内蒙古自治区旅游产业和其他产业的关联度不强，影响旅游产业的发展空间。其旅游产业涉及部门广泛、综合性比较强，但是产业关联不紧密、融合度比较低，常常处于心有余而力不足的状态，再加上其他相关产业或对发展旅游产业兴致不高，或因为缺少专业人才等原因而难以涉入。

此外，从内蒙古自治区整体的经济发展来看，改革开放 30 多年来，内蒙古自治区经济快速发展，第三产业所占比重逐年增加，但在第三产业内部结构中，仍存在结构性短缺和过剩并存的问题，科技知识含量高的服务业发展明显不足。因此，内蒙古自治区服务业在发展较低层次的劳动密集型服务业的同时，还要加快形成金融、贸易为主体，信息、通信、运输、旅游等为主导产业的合理的服务业产业结构。内蒙古自治区旅游产业在第三产业和服务业中所占的比重还比较小，因此，旅游产业作为传统服务业和现代服务业的结合点，还具有相当大的发展潜力。

内蒙古自治区旅游产业，目前还处在转型发展的初级阶段，具体分析还需要突破以下几个方面的限制：

### （一）产业结构方面

旅游产业链是以满足旅游者的旅游需求为核心，在旅行社、饭店、餐饮、旅游景区、旅游交通、旅游商店等行业之间形成的链条关系。产业链中各类旅游企业在数量、层次、服务质量等方面都应该协调发展，任何一个环节的瓶颈都会影响完整、有效的产业链的构建。内蒙古自治区旅游产业经过 30 多年的发展，已经初步形成了涵盖“食、住、行、游、购、娱”等相关要素的旅游产业链，但产业链内整合互动较差，部分环节发育不良，致使产业综合效益低下。具体表现

在各区域交通运输能力差异较大，一些景区的可进入性问题仍是制约旅游业发展的瓶颈；餐饮业集中度低，业内缺乏大的企业集团，主要以中小企业及个体户为主，从业人员素质偏低，内部管理的规范化、现代化水平不高；饭店业的结构有待优化调整，专业化水平有待提高，品牌化进程尚须加强；旅游业淡旺季效益差异明显，产品单一，档次不高，部分地区还停留在景区“门票经济”上；娱乐项目单调、内容乏味，尤其是游客夜间娱乐文化项目不够丰富；旅游购物方面普遍存在旅游商品研发能力弱，文化内涵挖掘不够，产品雷同无特色等问题。“购”“娱”对旅游收入贡献偏低，是制约内蒙古自治区旅游产业整体素质提高的重要原因。

### （二）产品结构方面

与周围省份相比，内蒙古自治区旅游资源丰富，但旅游产品缺乏。从产品开发上看，旅游产品开发主要是资源导向型开发，以市场需求为导向的产品开发体系欠缺；多数休闲度假旅游资源还呈现“有资源、无产品”“有产品、无档次”的尴尬局面。从产品类型上看，内蒙古自治区旅游产品体系不够丰富，观光旅游仍占主导，休闲度假旅游发展不足。旅游产业与其他产业融合程度较低，缺乏新的旅游产品，直接导致了游客停留时间短、旅游产业的附加值低。

### （三）企业结构方面

内蒙古自治区旅游企业产业集中度低，经营分散，部门和地区分割现象严重，限制了资产的流动、重组，从而导致旅游企业竞争力不强。大多数中小型旅游企业经营规模小、品牌意识不强、管理水平不高、抗风险能力差，旅游企业的牵动作用和招徕优势没有得到充分发挥。内蒙古自治区旅游企业集团仍处于起步发展阶段，缺乏有支撑力、带动力、竞争力的大型旅游集团，规模效益不明显，企业制度和管理水平滞后于市场要求，管理人才缺乏。目前大多数旅游企业的经营领域偏向于终端接待环节，总体投资也集中在接待环节，如住宿接待、旅游接待、游览接待等，这些领域的过度竞争占用了大量资金，削弱了行业利润，影响了各旅游企业对休闲项目、度假项目、娱乐项目的开发能力。使内蒙古自治区旅游企业向集约化、多元化转变困难重重，严重制约了内蒙古自治区旅游产业的转型升级。

### （四）市场结构方面

内蒙古自治区旅游市场开放程度相对较低，市场结构较为单一、分散。从境外市场来看，主要以港澳台和韩日市场为主，亚洲以外的市场开拓不够。由于机场等级普遍不高，所以直接来内蒙古自治区的境外客源较少；在国内市场上，周边省区仍是内蒙古自治区旅游的主要客源地，对长江三角洲和珠江三角洲这两个国内最大旅游市场而言，内蒙古自治区还没有充分发挥其资源吸引力，因此，还有较大的市场开拓潜力。

（五）区域结构方面

合理的旅游区空间布局能够促进区域旅游业实现良好循环，长期以来，由于经济发展的区域不平衡性和交通等方面的影响，内蒙古自治区各地区旅游发展呈现不平衡状态。

（六）人才结构方面

由于旅游产业发展的层次较低，难以吸引留住高层次人才。同时内蒙古自治区大专院校旅游专业培养模式单一，旅游企业缺乏系统人才培养机制，这些都导致了内蒙古自治区旅游人才，尤其是在旅游产品开发与设计、旅游管理、涉外旅游等领域的中高端人才短缺。“十三五”期间，随着旅游产业的大发展，内蒙古自治区旅游人才的“瓶颈”制约将会更加突出。

## 第五节　内蒙古自治区旅游产业转型升级的新目标、新要求、新诠释

### 一、内蒙古自治区旅游产业转型升级的新目标

在“十三五”开局之际，凭借良好的基础、空前的机遇以及旅游产业自身寻求突破与转型发展，促使内蒙古自治区旅游产业的发展进入到一个新的历史阶段。这就需要进一步优化和完善旅游产品体系，提升观光旅游产品，大力发展度假休闲产品，积极开发专项旅游产品，发展复合型旅游产品。同时，建立与市场需求和发展阶段相适应的多样化、多层次的旅游产品体系，培育和推出一批旅游精品和品牌。

内蒙古自治区在发展旅游产业基本六要素的同时，还需要进一步完善旅游交通等基础设施，提高旅游产品组合能力，推动旅游产业聚集，培育旅游产业集群，优化旅游产业结构，建立现代旅游产业体系。

（一）优化内蒙古自治区旅游产业转型升级环境

一方面，内蒙古自治区应不断优化旅游投资硬环境，完善旅游交通网络，加强景区基础设施配套能力建设。另一方面，还要塑造良好的旅游投资软环境，在大力招商引资的同时，自治区政府要不断加大政策创新力度，对旅游投资项目用足用好现有政策，加大项目跟踪服务力度，提高服务质量和办事效率，切实营造

招商、亲商、安商、富商的良好氛围，在税收扶持、金融促进、要素支持等方面给予倾斜。硬件是躯壳，软件是灵魂，通过硬软两方面不断提升内蒙古自治区旅游形象，增强资本吸引力和承接的竞争力，推动旅游产业转型升级。

（二）建设国内一流的休闲度假旅游目的地

旅游产品的升级换代是旅游产业转型升级的重要内容和基础条件。随着旅游客源市场的逐步成熟和旅游消费需求的日趋多元化，旅游产品结构由单一型、粗放型向系列化、精品化的方向调整，旅游产品类型由单一的、浅层次的观光产品向满足多样需求的主题产品、休闲度假产品过渡已成为一种必然趋势。在“十二五”期间，内蒙古自治区根据国内外旅游市场需求趋势的发展，充分发挥内蒙古自治区的旅游资源和区位优势，着力培育生态旅游、文化旅游、红色旅游、会展商务旅游、科普教育旅游、乡村旅游、体育旅游、边境旅游、自驾车旅游、工业旅游、温泉旅游、冰雪旅游等多项旅游产品。推动观光、生态、文化、红色、乡村、休闲度假、会展、大型主题公园等旅游产品的一体化发展，在“四条精品旅游线路”的空间格局下，突出重点、发挥优势，跨区域整合旅游资源，集中发展八个核心旅游圈，重点培育 24 条旅游骨干支线，建设 4 个旅游集散中心，完善 8 座旅游中心城市的旅游服务功能，建设两个边境口岸城市，培育特色旅游依托城镇。形成涵盖食、住、行、游、购、娱等旅游产业相对集中的地域单元，以航空、公路、铁路为纽带，组成旅游产业要素相对集聚的旅游目的地，成为内蒙古旅游经济发展的增长极。力争把内蒙古自治区建成国内一流的休闲度假旅游目的地。

（三）实现旅游业的经济、社会、文化、生态效益

内蒙古自治区旅游产业要实现转型升级，首先要树立科学发展观，包括以人为本、全面、协调和可持续发展。除了关注旅游业的经济功能之外，还需深刻地挖掘旅游业社会、文化、生态等多重功能。为此，内蒙古自治区要重点做以下工作：一是要推动旅游产业走向生活化，发挥旅游业作为“民生产业”的作用；二是要推动旅游产业走向生产化，发挥旅游产业作为“动力产业”的价值；三是推动旅游产业走向生态化，发挥旅游产业作为“绿色产业”的功能。

## 二、内蒙古自治区旅游产业转型升级的新要求

（一）新的环境资源观

内蒙古自治区旅游产业的发展离不开丰富多彩的旅游资源。从有形资源到无形资源，从现实资源到潜在资源，从遗产资源到未来资源，每一次对于旅游资源

的深入挖掘都推动了旅游产业的更新发展。内蒙古自治区旅游资源丰富，转型期间应做到把各种产业资源都纳入旅游资源的范畴中，快速发展工业旅游、农业旅游、网络旅游等。

（二）新的产品消费观

内蒙古自治区旅游产业已经形成了一系列具有民族特色的旅游产品体系，但随着旅游消费能级的不断提升，传统的初级产品形式已经越来越难以满足旅游者的需求，旅游产品急需升级换代。休闲元素逐渐融入旅游产品，高品质的旅游备受推崇，同时，旅游需求的个性化要求旅游产品不断地推陈出新，体验性功能日趋强化，娱乐项目更加多样化。这些新变化就要求必须通过更高层次的创造性思维来开发新型旅游产品。当前文化创意产业的繁荣发展对旅游产品的开发具有借鉴意义，创意旅游产品的出现，不仅具有创造需求的积极作用，还有引领消费的重要意义。

## 三、内蒙古自治区旅游产业转型升级的新诠释

新背景、新阶段、新机遇、新目标、新要求赋予了内蒙古自治区旅游产业转型升级发展新的内涵。第一，从发展逻辑上来分析，这种转型升级不是产业表层意义上的变化，而是市场经济发展到一定阶段逐渐成熟的结果，同时也是旅游产业本身运行规律的内在要求。第二，从表现特征上来分析，它既体现在旅游产业层面产业组织结构调整、产业空间布局的优化、产业能级的提升，也表现在旅游企业层面经营战略的转型、管理模式的变革以及服务模式的创新。第三，从供需特点上来分析，内蒙古自治区旅游产业的转型升级不仅意味着旅游供给方（包括旅游景区、交通、饭店、旅行社等）各行业的变化，也包括旅游需求方（包括旅行者、游客、政府、企业等）的新变化，而且正是由于旅游消费日益的个性化、多元化和高端化促使内蒙古自治区旅游产业不断向多业态、宽领域、高层次的发展。第四，从结构系统上来分析，内蒙古自治区旅游产业的转型升级不仅包括旅游行业内的发展，也意味着与旅游相关行业的不断进步，既包括系统内的，也蕴含系统外的，内蒙古自治区旅游业是与内蒙古自治区的发展融为一体的。第五，从管理政策上来分析，政府要合理定位自身的角色，逐渐由主导型向推进型转变，产业政策要有稳定性和继承性。第六，从过程目标上来分析，内蒙古自治区旅游产业的转型升级是一个长期的历史过程，不能一蹴而就。转型升级，既应是一种目标和结果，更应当是一种途径和过程。

# 第六节　内蒙古自治区旅游产业转型升级的对策选择

## 一、要充分发挥政府主导作用

在一个地区的旅游产业发展中，当地政府所起到的作用是至关重要的，从对发展旅游产业重视程度的大小、投入资源的多少、管理与服务水平的高低等方面都会直接影响到区域旅游整合开发的进展和最终的成败。内蒙古自治区地域广阔、情况复杂、地区差别较大，旅游产业的发展涉及区域内的多方利益，因此，内蒙古自治区旅游产业的发展离不开自治区政府的主导，政府应抓住机遇，因势利导，把握政府在转型升级战略层面和工作层面的着力点，在推动旅游产业转型升级中，发挥发展方向、产业政策和旅游区域合作的主导作用，加强宏观调控能力。

### （一）完善产业发展政策

内蒙古自治区政府要加强产业政策引导，制定科学有效的产业政策来促进旅游产业转型升级，重点在于健全旅游规划体系，营造产业发展环境，加强区域旅游合作等方面。

#### 1. 健全旅游规划体系

内蒙古自治区政府在进行旅游规划时，首先要做到转变传统观念，跨越行政区界，对成片区的旅游产业要进行高水平的整体规划，充分利用旅游资源，形成功能互补的梯度开发格局，也就是通过旅游规划来统一认识、整合资源、培育形象和引导发展。其次要将区域旅游规划纳入地方的规划体系中，推进旅游规划与城市规划、行业规划、区域发展规划的衔接和统一。最后具体编制文化旅游、生态旅游等专项规划。

#### 2. 制定优化产业发展环境的相关政策

内蒙古自治区政府发展旅游产业，应精心营造舆论环境、政策环境、制度环境和产业环境，优化旅游产业发展的环境结构，以软实力推动旅游产业整体向前发展。要做到积极引导多方投入，争取国家层面的支持，加强旅游基础设施和购物、娱乐要素薄弱环节的建设，制定促进旅行社、旅游宾馆等旅游企业发展的扶持、优惠政策。引进资金和先进的管理经验，深化旅游企业改革，建立健全符合市场经济要求的旅游业运营机制。支持旅游用地建设，加大旅游金融支持。

3. 建立长效的区域旅游协作机制

区域联动、协作是实现地方旅游业快速、平稳发展的有效途径。多年来内蒙古自治区旅游发展往往局限在各自的行政区域内，区域协作力度不大，从而阻碍了区域旅游整体实力的提升。目前，还有许多实质性的合作工作需要进一步推进，如区域内同质化资源和产品的整合，产品、线路的整体包装设计，区域整体形象的宣传和推广等。伴随着内蒙古自治区经济一体化进程的快速发展，各个城市之间的旅游合作应不断加强。内蒙古自治区旅游局可以搭建合作平台，牵头组建一个多部门参与的、区域旅游发展的多方合作协调机构，负责组织、协调内蒙古自治区大旅游的发展，制定区域旅游合作的具体实施办法。建立高层互动机制，举办高层次旅游合作会议，解决合作问题。

（二）优化产业空间布局

1. 实施“非均衡”发展战略

在内蒙古自治区旅游业“十二五”发展期间，按照“注重特色、差异发展、强化功能、突出重点、协调发展”的原则，进一步建设完善了呼伦贝尔—兴安旅游区、锡林郭勒—赤峰—通辽旅游区、呼包鄂—乌兰察布—巴彦淖尔旅游区、乌海—阿拉善旅游区。进一步优化四大旅游区的旅游产业区域布局，推动跨区域、跨盟市的旅游资源整合和旅游产业要素的协调配置，努力把四大旅游区打造成特色鲜明、功能配套互补、要素流动通畅、互赢发展的旅游目的地，实现区域旅游经济的协调发展。呼伦贝尔—兴安旅游区要突出大草原、大森林、大湖泊、大湿地、大温泉、大口岸、大民俗的特色，以冰雪旅游、生态旅游、民俗旅游、避暑度假旅游以及边境旅游为主题，加快提升冬季旅游和夏季旅游产品的档次，增强市场开发的针对性，强化冰雪旅游基地和避暑度假旅游胜地的形象。锡林郭勒—赤峰—通辽旅游区要发挥独特的旅游资源优势，加强以大交通为重点的基础设施建设，加大旅游开发建设的投入，提高旅游产品的开发档次，建设以地质奇观、民族风情、历史文化和自然生态为特色，开发以观光旅游、民俗体验和生态旅游为核心，度假休闲、文化旅游、温泉疗养、自驾车旅游等为辅助的旅游产品体系。呼包鄂—乌兰察布—巴彦淖尔旅游区要加快推进旅游产业转型升级，全面提高旅游产业发展质量和水平，推动旅游业在经济结构调整中发挥更大的作用。以改善旅游环境，打造旅游品牌，提高产业水平，提升产业素质和促进产业升级为战略重点，以呼包鄂都市核心旅游圈和黄河沿线旅游带为重点，突出目的地和客源地双重功能，着力发展都市旅游、商务会展旅游、草原沙漠观光、民俗体验、康体养生、工农业旅游、红色旅游等特色化旅游产品，重点打造成吉思汗陵、响沙湾、恩格贝、敕勒川、大召、五当召、黄河峡谷、格根塔拉草原等精品旅游景区。乌海—阿拉善旅游区要以乌海市、巴彦浩特镇等城镇为依托，充分发挥文物古迹、民族风情和自然奇观的独特优势，加大旅游开发力度，强化旅游基础设施建设，加强与周边省区的协作，建设以文物古迹、大漠风光、民族风情、边境旅游、航天旅游等为特色的旅游目的地。各地区发展旅游项目要根据当地自然与人文资源的不同优势和条件择优发展，最终形成东中西并进、城乡互动、协调可持续的旅游发展格局。

2. 推进旅游产业集群化发展

发展旅游产业集群，有助于整合区域旅游资源，树立区域旅游品牌，并使集群内旅游企业交易成本降低，获得互补性利益，增强技术创新的活力，从而提升区域旅游整体竞争力。内蒙古自治区按照“布局优化、资源共享、优势互补、区域联动”的要求，有意识、有计划、有步骤地实施旅游集群化发展。内蒙古自治区旅游业在“十二五”发展期间，在“四条精品旅游线路”的空间格局下，突出重点、发挥优势，跨区域地整合了旅游资源，集中发展了8个核心旅游圈。形成涵盖食、住、行、游、购、娱等旅游产业相对集中的地域单元，以资源为依托，以项目为支撑，加快了内蒙古自治区旅游产业聚集区的建设。同时还加大了基础设施建设，建立了统一的旅游产业协调机制，积极探索旅游集群发展的模式，为旅游产业园区的发展创造了条件。

（三）提升旅游产业素质

1. 加大技术创新投入，提升旅游信息化水平

技术创新是旅游业转型升级的内在要求。内蒙古自治区旅游科技基础薄弱，旅游科技投入少，高科技介入旅游产业的程度较低，对旅游业转型升级的推动作用不强。因此，内蒙古自治区政府应加大旅游科技投入，建设知识交流的平台，为技术创新提供有力的政策支持和环境保障。鼓励企业提升旅游产品技术含量，推动高科技旅游主题公园建设，使旅游业成为高科技武装的先导产业和优势产业。同时，要大力推广和应用数字信息技术，努力打造自治区、市、旗县和旅游企业四级联网配套、功能齐全的旅游管理政务网、旅游咨询商务网和旅游综合数据库，协调旅游信息的动态采集、更新、发布和预报，构建方便快捷、信息齐备、服务优良的旅游信息化系统，增强旅游网络营销功能，提高旅游信息化服务水平。

2. 建设旅游人才队伍，提升从业人员素质

内蒙古自治区旅游产业应根据旅游市场发展趋势和旅游产业要素配置需求，建立旅游人力资源供求机制；加快旅游人力资源结构调整，重点抓好旅游行政管理干部、旅游职业经理人、导游、保护管理人才、乡村旅游人才和紧缺专业人才的培养与培训；推动形成人才培养分工体系，建立和完善自治区、盟市、企业三

级培训体系，明确各级职责和培训目标。有效整合和利用内蒙古自治区旅游教育资源，鼓励支持旅游院系学科发展，培养各类旅游人才；加大内蒙古少数民族旅游人才的培养力度，造就一批少数民族旅游骨干人才。加强与旅游发达地区的人力资源开发合作，大力引进旅游规划、策划、营销、电子商务、商品设计、资金管理与运作等方面紧缺专业人才。加强旅游培训的国际交流合作，注重培养和引进旅游国际化人才。深化旅游企业劳动用工和收入分配制度改革，加强旅游从业人员社会保障，依法规范旅游业从业人员特别是导游人员的劳动用工管理，建立和完善工资形成机制和正常增长机制。

3. 创新旅游新业态，推动旅游产业融合化发展

所谓“业态”，是一个涵盖旅游产品组织形式、运营模式、产品特色的一个综合概念。旅游业通过自主创新对各行业资源进行整合，把原来单一的业态转变成复合业态，把低端业态转变成高端业态，进而实现产业结构的升级，完成产业生态的创新。这种创新既可以是旅游业各个产业链上的全面综合创新，也可以是某个环节、某个链条上的局部创新。

内蒙古自治区政府应积极引导社会资本、海外资本投向旅游业，积极探索产业融合。内蒙古自治区旅游产业融合化发展的途径主要有三种：一是“泛休闲化”，即对接休闲产业，达到旅游产业结构上的转型；二是“广服务化”，即融入现代服务业，达到旅游产业层次上的深化；三是“准模块化”，即汲取和创新先进制造业的方法流程，达到旅游产业效率效能的提升。

4. 推进旅游重大项目的建设

旅游项目是旅游产业发展的支撑，也是旅游业跨越式发展的突破口。内蒙古自治区旅游产业要认真实施项目带动战略，突出重点，集中力量建设旅游重点项目，以项目集聚旅游产业要素推动产业结构的优化升级。

（四）优化旅游产业结构

1. 优化产品结构，推动旅游产品转型升级

旅游产品的转型升级是旅游产业转型升级的重要内容和基础条件。旅游产品转型升级是对旅游产品结构进行调整和优化，形成品种丰富、满足市场不同需求的旅游产品结构。单一的观光旅游产品早已不能满足现代广大旅游者的需求，只是对观光旅游产品进行开发必然造成景区自身吸引力下降。而且，以观光旅游为主的景区，游客停留时间短，消费水平低，也会影响景区的发展。因此，调整旅游产品结构，大力发展休闲度假旅游，是内蒙古自治区旅游产品转型升级的重要策略。

内蒙古自治区旅游产业应该在大力发展旅游基本六要素的同时，进一步完善旅游交通等基础设施，提高旅游产品组合能力，推动旅游产业聚集，培育旅游产

业集群，优化旅游产业结构，建立现代旅游产业体系。通过大力推进旅游景区优化升级，培育创建一批精品旅游景区，推进旅游景区的提档升级；构建便捷安全的旅游交通服务，大力推进民航运输发展，进一步提高铁路客运服务能力，全面提升公路旅游通达水平，积极推进全区旅游航运发展；积极促进旅行社业发展方式转变，进一步优化旅行社结构体系，提高旅行社服务管理水平；优化旅游饭店的结构和质量，积极优化旅游饭店结构，大力提升旅游饭店管理与服务质量；全力提升特色旅游餐饮档次，加快旅游餐饮设施建设，提高旅游餐饮特色和服务质量；大力推进旅游商品开发和旅游购物，加快旅游商品研发与生产基地建设，完善旅游商品促销服务体系；积极发展特色化的旅游娱乐，发展旅游娱乐文化产业，丰富旅游娱乐活动形式；大力发展旅游公共信息服务，推进实施“数字旅游”工程，积极发展旅游信息咨询和电子商务。

2. 优化市场结构，促进旅游市场多元化

内蒙古自治区政府应积极推行“区域联动、部门联合、企业联手”的大旅游营销战略，建立政府整体形象推介和企业产品促销相结合的宣传机制。通过加大航线培育力度，实现国际市场对接。同时，针对仍是内蒙古自治区旅游业主要客源市场的国内市场，要做到巩固传统市场，扩大新兴市场，重点挖掘长三角、珠三角市场。同时，继续巩固港澳台、主攻韩日和东南亚市场，加强目前比较薄弱的欧美、澳洲市场的宣传促销，积极扩大国际游客在内蒙古自治区旅游市场中的市场份额。

3. 优化企业结构，推进旅游企业集团化

内蒙古自治区旅游企业集团依然处于起步阶段。加快旅游企业集团化进程是转型升级的必然要求，为此，一方面需要各旅游企业运用兼并、管理合同和特许经营等多种市场化手段，加快自身规模的扩张；另一方面，政府应通过政策支持、资产划拨、企业改制重组等方式，加强大型旅游企业集团的培育，通过项目立项、国债贷款，土地审批等方式，鼓励重点旅游企业集团发展。

4. 优化产业结构，提高旅游产业的效益

内蒙古自治区旅游产业要逐渐改变自身在国民经济系统和产业格局中的生存状态，除了要提升自身产业素质，还需要合理配置各旅游要素，形成有机联系的高效产业链，使整个产业结构中的各项要素自身发育完善，彼此能够协调互动。针对目前内蒙古自治区旅游产业链条不长、旅游收入中各要素比例不够均衡的状况，则必须通过大力促进旅游产业六大要素的协调发展来拓展旅游产业链。

## 二、积极强化企业主体地位

旅游企业是旅游经济的主体，企业强则产业兴。内蒙古自治区旅游企业的转型升级是旅游产业转型升级的重要部分。对于旅游企业而言创新即是其发展的本质。

（一）技术创新

技术创新与进步是旅游企业转型升级最根本的推动力。一方面，技术创新刺激新的旅游服务产品的出现，即通过应用新的科技成果使旅游者的活动空间和体验突破极限，达到更高的水平，从而更好地满足旅游者的需求；另一方面，技术创新催生新的服务方式和管理方式，从而提高企业经营效率。

目前，内蒙古自治区的旅游企业虽然发展迅速，势头强劲，但整体技术水平偏低，仍处于“小、弱、散、差”阶段，成为内蒙古自治区旅游经济发展的“瓶颈”，要想缩短与发达地区之间的技术差距，一是靠自主开发，二是靠技术引进。目前，内蒙古自治区旅游企业还不具备依靠自身力量，自主开发所需要的全部技术条件和经济条件，必须把自主开发与技术引进有机结合起来，建立引进和创新的互补机制。同时，在技术引进的过程中还要注意把消化、吸收、创新结合起来，从而形成良性循环机制。

（二）产品、服务创新

产品开发与服务模式的创新是旅游企业转型升级最直接的驱动力。不论是什么类型的旅游产品，紧跟时代发展和市场需求的变化才能促使产品创新成功。因此，内蒙古自治区旅游企业应科学定位目标市场，深度挖掘市场需求，找准顾客的兴趣点和利益点，提供适销对路、类型丰富的旅游产品。旅游产品开发分三个阶段：卖资源、卖产品和卖理念。内蒙古自治区旅游企业应利用创意实现旅游产品的创新，使原来落后的、附加值低的旅游产品不断被市场淘汰，推动旅游业向更高层次发展。

目前，内蒙古自治区旅游产业正处于由传统服务业向现代服务业的转型过程中，伴随着新时期服务业的发展、商务旅游的兴起和旅游消费的转型，旅游企业亟须进行服务创新：首先，旅游企业要根据市场变化、旅游者需求等实际情况，不断地进行新服务项目的开发和原有服务内容的改进，形成企业的“软实力”。如旅游饭店可开展创意摆台服务，创新上菜程序等。其次，旅游企业必须充分认识到企业员工在服务创新中的重要地位。服务意识和创新意识强、训练有素的员工比产品、技术等在服务过程中发挥着更加重要的作用，他们在服务过程中与游客沟通互动的质量，很大程度上决定了游客对服务产品的态度和以后购买的决策。最后，旅游服务要向人性化转变。对消费者来说，旅游产品形成元素的重要性是按照旅游资源—旅游设施—旅游服务来排列的，服务是最终最高的买点，也是使旅游者能够再次光顾的主要因素。

### （三）管理创新

管理创新是旅游企业转型升级的条件保证。激烈竞争与密切合作可以有效推动旅游企业管理模式的创新，促使企业不断地改变经营模式和组织结构，推动旅游企业的转型升级。

在进行管理创新方面，内蒙古自治区旅游企业应该研究先进的管理方法与管理模式，有选择性地学习和借鉴，把先进的管理方式和管理模式与旅游企业当前的实际情况相结合，创建适合自身的新的管理方法；同时，对于旅游企业而言，在日益激烈的竞争中，制胜的关键已不再是完善的硬件设施等有形资产，更多的则是知识、技能、信息等无形资产，这其中包括品牌、知名度、商誉，旅游饭店的特许经营权，旅行社的旅游线路专营权，企业员工的素质等。无形资产的管理将成为现代旅游企业经营管理的重要内容。因此，内蒙古自治区旅游企业应着重围绕无形资产进行管理创新。

# 第八章 内蒙古自治区重点旅游企业案例研究

## 第一节　内蒙古响沙湾旅游有限公司

### 一、企业发展历史

1984 年 6 月，在改革开放初始阶段，原伊克昭盟行署决定开放响沙湾旅游景点接待中外游客，并于当年成立了伊克昭盟响沙湾接待站，属于国有企业。15 年后，即 1999 年 6 月，内蒙古自治区内许多中小型国有企业纷纷转换经营体制，响沙湾接待站也面临改制。内蒙古响沙湾旅游有限公司（民营）成立，董事长王文俊。响沙湾旅游景区管理体制从此由国有经营转为民营，经营体制的改革解放了响沙湾旅游事业发展的生产力，成为响沙湾旅游事业发展的转折点和新的里程碑。

从 1999 年 7 月至今，经过 16 年的艰苦创业，响沙湾旅游景区已从一个名不见经传的小景点发展成蜚声国内外的著名景区。与 16 年前相比，响沙湾旅游景区可谓今非昔比，旧貌换新颜，取得了有目共睹的平稳快速发展。2002 年响沙湾旅游景区被评为国家 4A 级景区、内蒙古自治区十大文化产业示范基地；2010 年，响沙湾旅游景区又被评为国家 5A 级景区、国家文化产业示范基地。2012 年 4 月，响沙湾旅游景区被国家人力资源和社会保障部、国家旅游局联合评为“全国旅游系统先进集体”。2015 年 2 月，中央精神文明建设指导委员会授予响沙湾旅游景区“全国文明单位”荣誉称号。响沙湾旅游景区已进入全国先进景区的行列。

公司成立后在管理实践中摸索学习，建立一整套科学而便于操作的规章制度，诸如学习制度、分配制度、管理人员任免制度、员工招聘制度及财务、采购、库管等制度。设立监管委员会，严格监督落实执行情况。同时，根据公司发展的需要，从实际出发，及时完善、修改、补充已有的制度，使各项制度不断焕发活力，起到实实在在的促进作用，未出现重大违规情况或重大事故，始终保持平稳健康发展。同时积极参加各种行业相关展会、旅游会议。每年淡季时公司会组织所有高层管理人员去国内、国外进行休闲度假考察学习，公司还制定了两年一度的全体员工国内旅游考察学习，同时还不定期邀请国内知名专家到响沙湾旅游景区进行指导和培训，使全体管理人员及员工在不断创新、提高服务质量等方面取得了进步。

响沙湾旅游景区从2010年起开始大规模招聘高等院校的毕业生工作，提高响沙湾旅游景区员工队伍的整体素质。这其中包括体育专业、声乐专业、舞蹈专业、美术专业、设计专业、旅游专业、教育专业等人才，为响沙湾旅游景区休闲度假服务质量的提高提供了可靠的保障。

近年来，由于国家惠民政策的落实，景区周边交通条件的改善及老百姓旅游消费水平的不断增长，加之响沙湾旅游景区旅游产品的优化和增加，到响沙湾旅游景区旅游的游客人数逐年增长，2013年景区接待游客45万人，营业收入6756万元；2014年景区接待游客56万人，营业收入达11116万元。2015年，响沙湾旅游呈现勃勃生机。旅游市场欣欣向荣，游客数量大幅度上升。2015年接待游客76.5万人，营业收入16346万元。

## 二、企业发展概况

响沙湾旅游景区位于内蒙古自治区鄂尔多斯市境内，鄂尔多斯地区是蒙古族历史长河中不可缺少的一部分，这里是一代天骄——成吉思汗的长眠地，蒙古族文化氛围浓郁，响沙湾旅游景区正是以这一地区特点为基础，打造了以蒙古族文化为主题的度假村——福沙岛度假村；同时，又因为地处沙漠之中，顺其自然地选择了沙漠文化作为另一度假主题，深度挖掘沙漠文化与度假的有机结合，为游客打造出不一样的度假产品。

响沙湾旅游景区地处沙漠面积广袤、蒙古族文化浓郁的鄂尔多斯地区，各类休闲度假产品在设计和运营时，都是从景区的实际情况出发，并且结合沙漠环境的特殊性，融入浓郁的蒙古族元素，这些都是城市常规的相应设施所不能比拟的，也是一些同质景区所没有的。例如，福沙岛所有休闲度假产品设施色彩艳丽，他们就是运用了蒙古族五色“红黄绿白蓝”，带有民族文化气息。旅游景区内所有休闲度假产品、活动，均是经过多年试验、研究、不断学习打造完成的，每个区域发展方向明确，功能设计完整，布局合理，服务到位，能很好地满足消费者的需求。沙漠旅游资源的独有性和景观异质性的显著特点，大漠、绿洲、沙泉与鄂尔多斯蒙古族风情相结合，以及世界罕见的响沙奇观，构成了高品质的旅游度假资源。

响沙湾是中国四大响沙之一，是最早进行休闲度假建设的旅游景区，它是国家5A级旅游景区，国家文化产业示范基地，拥有国家非物质文化遗产——鄂尔多斯婚礼演出，且地理位置优越，交通便利，距离北京仅6小时车程。

目前，响沙湾旅游景区的主题产品有一粒沙度假、福沙岛度假、悦沙岛休闲、仙沙岛休闲、莲沙岛度假（在建）、夜晚活动“自由自在汇”等。每个产品各有各的特点，可以根据不同客人的需求进行组合。

响沙湾旅游景区面积24平方千米，其中沙漠游乐区21平方千米，综合服务区3平方千米。景区主干道有两条，其中包茂高速G6可以直接到达景区停车场，包括原有的长3千米、宽8米的旧油路和新修建的长2.02千米、宽22米的上下四车道的油路。景区内现有面积8万余平方米（约合120亩）的停车场，可停4000多辆小轿车和200多辆旅游大巴车。景区内设两个游客接待中心，其中一个是休闲度假游客及团队接待中心，建筑面积4000平方米，上下两层，建筑为砖混结构。另外一个是散客接待中心，建筑面积也是4000平方米，建筑为膜结构。景区还有4000平方米的办公大楼和7000平方米的职工宿舍楼。

响沙湾旅游景区内建有3个容纳上千人住宿的酒店和度假村，其中包括拥有98间客房，面积5000多平方米的一粒沙酒店；拥有104间蒙古包客房，面积4000多平方米的福沙岛度假村；拥有368间客房，面积约2.7万平方米的莲花度假酒店。景区内还建有3个剧院、1个展览馆和1个休闲馆。分别是占地7850平方米的艺术宫、占地5024平方米的游牧剧场、占地780平方米的蒙古族服装服饰展览馆和占地1000平方米的一粒沙休闲馆。

## 三、企业资金来源及发展历程

响沙湾旅游景区的发展资金来源主要以企业自有资金和生产经营过程中的资金积累为主，其次是政府的政策补贴和银行贷款。公司股东会由王文俊、王文忠、王文光组成，注册资金8430万元，其中王文俊出资4383.6万元，占出资总额52%，王文忠、王文光各出资2023.2万元，各占出资额24%。

1999年7月，公司开始进行景区基础设施建设的投资，到目前为止已累计投资共计12亿元。主要包括水、电、路、讯、环保等方面基础设施建设；服务设施建设包括游客中心、停车场、酒店、餐厅、剧场、游客休憩区、购物商店、沙漠泳池等；大众娱乐设施建设包括1号、2号、3号索道、沙漠火车、冲浪车、沙漠摩托车、勇士车、溜索、轨道自行车等数十种游客喜爱的项目；综合服务区建设包括办公楼、职工宿舍楼、多功能厅、职工购物超市、仓库、油库等项建设。

综观响沙湾旅游景区的发展历程，可以分为3个阶段：

第一阶段（1999~2006年）：这一阶段的主要工作任务是加强景区基础设施建设，完善各项服务功能。

转制之前，响沙湾旅游景区是一个非常简陋的小景点，基础设施薄弱，服务功能单一。内蒙古响沙湾旅游有限公司经营响沙湾旅游景区后，根据旅游业“吃、住、行、游、购、娱”六项功能之要求，投巨资加强景区基础设施建设，完善各项服务功能。陆续完成了包茂高速（G6）到景区出入口道路修建工程，树林召到景区18千米高压输电专线供电工程，罕台川截伏流工程，景区主干道、停车场、污水处理厂及通信工程建设；新建游客服务中心、一粒沙酒店、餐厅、购物商店等服务设施。基础设施建设的完成及服务功能的完善，奠定了响沙湾景区长远发展的基础。

第二阶段（2006~2010年）：响沙湾旅游景区进行第二次开发建设。这一阶段以生态建设、环境保护为抓手，大力开展文化产业建设，推动响沙湾景区健康发展。

2006年3月8~12日，由内蒙古自治区旅游局主办，响沙湾旅游景区承办的“响沙湾景区二次开发建设研讨会”在鄂尔多斯市东胜区举办。会议邀请了数十位区内外各相关领域的专家和学者对此课题进行了深入科学的论证。研讨结果认为：响沙湾景区在已取得发展成果的基础上，应该更加注重提高环保效益，提升景区档次与品位，大力发展文化产业项目，继续推动响沙湾旅游事业向前发展，响沙湾景区二次开发建设的各种条件已经具备。因此，内蒙古响沙湾旅游有限公司开始对响沙湾旅游景区二次开发建设进行详细的规划，并按照规划逐年完成规划项目建设，实现了二次开发建设的发展目标。

第三阶段（2010年至今）：这一阶段内蒙古响沙湾旅游有限公司将响沙湾旅游景区的发展定位为建设休闲度假景区、打造国内一流沙漠旅游度假区。

随着国内外旅游市场的发展变化及国内老百姓经济收入、生活水平的不断提高，广大游客不断增长的对文化旅游、休闲度假之需求越来越旺盛。根据市场发展趋势，在内蒙古自治区政府“8337”思路指导下，响沙湾景区经营理念和指导思想顺应市场变化，提出了“由单纯观光游向休闲度假旅游转变的发展理念”。加大投资力度、加快景区休闲度假产品建设，现已形成“一区一港四岛”的度假景区新格局。

在响沙湾旅游景区16年间的发展建设过程中，内蒙古响沙湾旅游有限公司董事长王文俊多次带领管理团队到多个国家知名度假景区体验学习，在国内也遍访有名休闲度假区考察调研，结合响沙湾景区自身特点，提出了一系列先进的经营理念，在响沙湾景区发展实践中起到了正确的指导作用，取得了明显的效果。

从2009年二次开发建设开始，内蒙古响沙湾旅游有限公司在思想上开始勇于解放自己，经过多年的研究、考察、创新，确定要将响沙湾打造成为“中国首家沙漠休闲度假地”，从单一的观光游景区向休闲、度假区转变二次开发理念。在关于怎么做“休闲度假”这一问题上，先后对国内外知名度假集团、度假地进行了大规模、多批次的考察学习，并结合自身实际情况，初步摸索出了适合响沙湾自己的休闲度假之路。通过分析自身产品的特点和优势，针对不同需求的游客推出不同内容的产品，加大了游客自主选择的权利和选择的多样性，做到最大化地满足游客的消费需求。从2014年起，开始在北京开展度假产品销售，虽然没有取得预期的效果，但是到响沙湾旅游景区度假的游客对于响沙湾旅游景区推出的度假产品还是给予了很高的评价和肯定。

2013年，修建悦沙岛沙漠休闲水世界，并对原响沙湾宾馆、鄂尔多斯婚宴厅进行改造。悦沙岛休闲水世界于同年7月正式营业，并且深受游客喜爱。水世界的建设，充分考虑到休闲营造氛围，使游客在这里可以放松身心，自在地享受沙与水带来的快乐。而“一粒沙度假村”的修建颠覆传统的酒店住宿、餐饮、娱乐形式，结合不同的主题活动，给人耳目一新的感受，内蒙古响沙湾旅游有限公司寻求到适合自己发展、经营的休闲、度假模式。

2014年，福沙岛对外开放。福沙岛度假村的现代蒙古包住宿区，没有做任何的钢筋混凝土基础，所有房间均由事先生产加工而成的骨架和膜片组装而成，房间内部设有一体式卫浴间，易拆卸、易挪动，对周围环境影响较小，使游客既可以享受夜宿沙漠的独特，又可以免除对住宿条件的担心。

莲花酒店由于其地理位置的特殊性，外观造型的独特性，建筑施工的独创性，备受瞩目。莲花酒店在建设过程存在很多困难和问题，内蒙古响沙湾旅游有限公司通过不断地与设计方、施工方进行研究和探索，最终克服各种困难，酒店顺利建成。莲花酒店内部装饰设计具有浓郁的沙漠地区的特点，将体验沙漠文化与本土文化作为主题。在材料上极大程度地使用沙漠中的“沙”“石”“木”；将现代科技隐形于装饰里，旨在体验沙漠里居住的纯粹；室内与室外空间自然过渡，将沙漠景观带进室内。家具设计、标识系统设计、景观设计、灯光设计等均遵循统一的设计理念，旨在让建筑形体、材料自身的美、室内陈设及人造景观等都与周围的环境达到高度和谐的统一，充满自然气息和艺术魅力。

## 四、企业经营项目介绍

响沙湾旅游景区正在从观光旅游向休闲度假转变，景区共占地 21 平方千米，现已开发建设 8 平方千米，初步形成“一区一港四岛”度假景区新格局。

1. “一区”——响沙湾综合服务区

“综合服务区”位于响沙湾旅游区及罕台河东岸，承担游客迎送、车辆停放、餐饮住宿等服务功能。主要功能组团：一粒沙度假酒店、一粒沙休闲馆、一粒沙餐厅中心广场、游客中心、停车场、购物商店、景观餐厅、沙漠索道站、多功能厅、警务中心、医务室、办公楼和宿舍楼等。

2. “一港”——响沙湾港

位于响沙湾旅游区及罕台河西岸，是游客乘索道车进入沙漠区域的第一站，也是游客出入沙漠景区的集散地，著名的响沙湾滑沙点就在此地；同时还有卡丁车、水陆两栖车等娱乐项目。由此乘坐沙漠冲浪车进入仙沙岛。

3. “四岛”——分别指仙沙岛、悦沙岛、莲沙岛和福沙岛

仙沙岛位于响沙湾旅游景区的北端，是沙漠休闲体育运动区，集中了许多动感十足的休闲娱乐项目。主要活动项目有沙滩排球、沙滩足球、沙漠高尔夫球练习场及铁轨自行车、滑索、沙漠摩托、沙漠勇士车、荡秋千等近 20 多种沙漠休闲体育娱乐活动。休息之余还可以在果老剧场、马戏剧场观赏到精彩杂技、歌舞等表演。由此可骑骆驼进入悦沙岛。

悦沙岛位于仙沙岛的西南方向，是景区文化产业园区，有众多的文化旅游项目，为游客提供丰富多彩的精神文化产品。在艺术宫内可以欣赏大型民族艺术舞台剧“鄂尔多斯婚礼”、国内外优秀摄影作品展，蒙古民族服装服饰展等；在游牧剧场内可以观看由响沙湾民族歌舞团演出的“鄂尔多斯婚礼”；沙漠水上文化乐园，共有 4 个戏水池，近 4000 平方米，水深从 0.4～1.2 米不等，适合不同年龄的孩子及成年人水上娱乐。在沙雕园可以感受沙漠雕塑的魅力，每年一届的已经举办过 10 届的沙雕节也是悦沙岛的文化旅游内容之一，每一届都有不同的文化主题以沙雕形式表现出来，游人们可以自己动手制作沙雕，在多种文化的学习中体验沙雕的乐趣，返璞归真回归大自然。岛上还有蒙古象棋演艺广场、蒙古生活风情秀、沙漠观光火车等游乐活动。由此可乘坐沙漠小火车进入莲沙岛。

莲沙岛位于悦沙岛的南面，是以莲花度假酒店为核心的休闲度假区，共有客房 360 多间，为广大游客提供餐饮、住宿、商务、会议、观赏文艺表演等全方位服务。在酒店东南方还有沙湖。

福沙岛位于莲沙岛的南面，是集沙漠文化、草原文化、祭祀文化、民俗文化

为一体的综合文化活动区。

“一区”“一港”“四岛”各具不同特色的区域，用不同形态的交通工具互联，为游客构建了环形游览线路。

“一区一港四岛”休闲度假景区粗具规模，将原来游客活动范围从不足 2 平方千米扩展到了 8 平方千米，延长了游客停留时间，提高了消费水平。由于能够向游客提供更为丰富多彩的文化产品和娱乐产品，和舒适的休憩场所及各具特色的交通工具（冲浪车、沙漠火车、骑骆驼等），因此可以提升游客在体验休闲度假过程中的愉悦感，让游客感到物有所值、不虚此行。

响沙湾旅游景区的文化活动丰富多彩，经济效益增长迅速。2014 年，景区为满足广大游客日益增长的对文化旅游消费的需求，增加丰富多彩的文化元素，举办了各种类型的文化活动。使得游客人数、营业收入均大幅度增长，取得了良好的经济效益。“鄂尔多斯婚礼”演出仍为景区主打品牌节目，2014 年共演出 743 场，观看演出的游客人数高达 192561 人。同时，为了丰富演出内容，内蒙古响沙湾旅游有限公司还与外来演出团体签约合作。于旺季在景区内演出马戏、杂技及佤族、彝族、苗族、傣族等少数民族的艺术表演。公司还与中国摄影家协会合作，从 2010 年开始举办每年一届的“响沙湾国际摄影周”，目前已经成为景区的文化品牌，而且在国内外也具有一定影响。同时，还在摄影周期间举办“蒙古族选美大赛”、优秀摄影作品展等文化节庆活动。

## 五、企业发展面临的问题

响沙湾旅游景区的发展离应对旅游市场竞争、适应蓬勃发展的旅游消费市场需求、实现休闲度假旅游目的地的发展目标仍有一些差距，还存在以下一些问题：

1. 景区内旅游基础设施需要改善

需要改善的基础设施：体现旅游区特点的标志性大门；现有的游客服务中心面积小且简陋；停车场面积不足，道路交通、供电及排水能力不足，厕所、标识牌数量不足。

2. 景区内旅游服务设施需要增加

响沙湾旅游景区面对日益增多的客流，现有的服务设施不能满足其需要，尤其是在自驾游客流迅速增多的趋势下，需要增加建设房车营地，同时还需建设相应的现代服务设施。

3. 景点及游乐设施需要新建

景区为提升旅游区文化品位还需要加强文化设施建设，如实景露天剧场、沙漠科技馆、沙漠体育馆等，以期吸引更多游客。

4. 生态环保设施需要扩建

随着客流的增加，响沙湾旅游景区现有的环卫设施能力不足，如卫生间数量少，垃圾处理量大，为保护旅游区环境，持续健康绿色发展，需要加强生态建设，扩建环保设施，同时实施旅游区安全防护工程。

## 六、企业发展前景展望

2015 年内蒙古自治区旅游局将响沙湾旅游景区确定为全区重点支持的创建品牌景区 14 个景区之一。到 2017 年，响沙湾景区要按照创建品牌景区之要求，实现创建品牌景区之目标。

到 2020 年（“十三五”期间）响沙湾景区要努力实现“沙漠休闲度假区”建设目标。因此在未来几年的发展中，响沙湾旅游景区仍需加大投资力度，进一步加强景区基础设施建设，完善服务功能，提高服务质量，增加更多的为广大游客喜闻乐见的文化艺术产品、文化体育产品，提供更为舒适、便捷、卫生、安全的休憩场所，提升景区档次与品位，将所提供游客消费的产品精典、精致、精细化。

未来旅游市场的发展会使响沙湾旅游景区仍有许多发展空间和机遇，国家惠民政策使老百姓旅游消费能力不断增强；自驾游、自助游市场蓬勃兴起；全国政府机关、事业单位、国有企业带薪休假政策的落实；全国高速公路网、高铁、动车的快速发展使进入响沙湾旅游景区更为快速、便捷；响沙湾旅游景区自身发展为游客提供的产品更适合游客需求。

从 2015 年前半年市场形势可以看出，游客增长幅度每年能够保持在 15%。因此，到 2017 年，景区接待游客人数可达到 85. 17 万人，按人均消费 250 元计算，全年营业收入可达 21292 万元。到 2020 年，景区全年可接待游客 129. 54 万人次，届时，每人仍按消费 250 元计算，全年营业收入预计可达 32384 万元，经济前景乐观。

# 第二节　蒙牛集团

## 一、蒙牛集团发展现状

### （一）公司创立

蒙牛集团成立于 1999 年，2004 年在香港上市，2009 年 7 月中粮集团成为蒙牛的第一大股东，近年先后引进阿拉福兹、达能等国际领先乳业品牌，中粮集团占蒙牛股份16.3%，达能占9.9%，阿拉福兹占5.3%。收购雅士利，占有雅士利51%股份；入股现代牧业，占股28%，为现代牧业单一最大股东。创业以来，蒙牛集团本着“以消费者为中心，成为创新引领的营养健康食品公司”的发展愿景和“高尚、阳光、责任、创新”的企业价值观，在全国18个省、市、自治区建立31个生产基地50多家工厂。截至2013年底，集团总资产从1000多万元增加至403亿元，累计创造产值2769亿元、向国家上缴税金136.5亿元，累计向农牧民收购鲜奶3136万吨、发放奶款952亿元。

蒙牛集团总部设在呼和浩特市和林格尔盛乐经济园区。产品覆盖34个省、市、自治区和特别行政区。拥有总资产403亿元，员工万余人，名列中国超速成长百强企业榜首。蒙牛工厂被利乐公司列为“全球样板工厂”，这在中国境内尚属首例。

### （二）公司业务构架

2002年6月，摩根士丹利等机构投资者在开曼群岛注册了开曼公司。2002年9月，蒙牛乳业的发起人在英属维尔京群岛注册成立了金牛公司。同日蒙牛乳业的投资人、业务联系人和雇员注册成立了银牛公司。金牛和银牛各以1美元的价格收购了开曼群岛公司50%的股权，其后设立了开曼公司的全资子公司——毛里求斯公司。所投资经毛里求斯最终换取了大陆蒙牛乳业66.7%的股权，蒙牛乳业从民营企业变为合资企业。2009年7月，中粮投资61亿港元收购蒙牛20%的股权，中粮成为蒙牛第一大股东。总部设在中国乳都核心区——内蒙古和林格尔经济开发区，截至2009年，拥有总资产300多亿元，职工近3万人，乳制品年生产能力达600万吨。到目前为止，包括和林基地在内，蒙牛乳业集团已经在全国18个省（区、市）建立生产基地30多个，拥有液态奶、酸奶、冰淇淋、奶品、奶酪五大系列400多个品项。

2013年，蒙牛集团年产能达到777万吨，实现销售收入433.6亿元，净利润16.3亿元，为国家缴纳税金27.1亿元，收奶323万吨，发放奶款140亿元；2014年上半年，蒙牛集团实现销售收入258.4亿元，净利润10.5亿元，为国家缴纳税金14.5亿元，收奶188.8万吨，发放奶款89.4亿元。

## 二、蒙牛集团的发展战略

### （一）集中战略

蒙牛集团创业之初是以牛奶为主打产品的，几年来一直没变，尽管在创造了蒙牛奇迹后，相继开创了其他领域的业务，如饮料、冷饮等，但蒙牛集团并不忘本。除了源源不断进行创新、开发研究外，蒙牛集团也将他的老本行做得有声有色，推出了一系列的新产品和口号，如“贵族喝的牛奶”特仑苏等，吞掉了牛奶市场上大半的资源。

（二）国际化战略

蒙牛集团曾经高调表示要在全世界范围内招聘新总裁，领导蒙牛跨入国际市场。

（三）差异化战略

在大众定位的奶制品当中，蒙牛集团与其他乳品企业几乎没有差别，但在高端奶方面，蒙牛集团近年的投入一直在增加，在蒙牛集团的收入构成中，高端奶所占的比重逐渐增大。这就是蒙牛集团在未来除了国际化战略外的另一个主要战略——差异化战略。

## 三、蒙牛集团工业旅游发展背景

蒙牛集团独特的企业资源是其开展工业旅游的优势所在。2002 年蒙牛集团开始推出工业旅游。富有哲理的企业文化、公司现代化的生产和管理、来自大草原的绿色产品、企业的生态化建设、企业创造的乳制品发展史上的多项纪录，成为对旅游者具有强烈吸引力的旅游资源。2005 年 8 月，呼和浩特市被中国乳制品协会正式授予“中国乳都”称号。为蒙牛工业旅游大踏步发展提供了助力。目前，蒙牛的工业旅游主要是观览游，以参观和游览为主要旅游形式，其中蒙牛液态奶生产线和企业文化对游客最有吸引力。为方便游览，蒙牛公司专门建成全封闭游览通道，透过玻璃窗，中央控制室、储料罐、闪蒸、成品、入库……整个生产线尽收眼底，这被称作“透明化管理”。有专职导游负责游客的接待、讲解和管理工作，把复杂的雪糕、冰淇淋等生产过程用通俗易懂的形式展示给游客，使游客在很短的时间内了解生产的全过程。为加快工业旅游的发展步伐，园区先后投入近百万元，增添了景区的中英文对照标识、标牌、导游图及游客中心等设施，新建了旅游展厅，并主动出资，建设了 209 国道两侧 6 万亩带状草原，其中，“全球样板工厂”坐落在“呼伦贝尔大草原微缩景观”上，绿茵连绵，小河蜿蜒，风车旋转，毡房、牛模、勒勒车、荟萃古今文明的标语牌等，使蒙牛集团的旅游形象更加鲜明突出。

目前，蒙牛集团以其独特的地位、知名度和优美环境，成为呼和浩特市内大、中、小学生进行旅游观光和爱国主义教育的目的地，同时也吸引了北京市、河南省、河北省及包头市、鄂尔多斯市等地的游客。被许多旅行社列入旅游推介线路和实际旅行线路中。

## 四、蒙牛集团工业旅游发展的市场环境分析

蒙牛集团作为国家级的工业旅游示范单位，利用现有的品牌和资源优势，于2002年开展工业旅游。蒙牛集团工业旅游具有有利的外部环境条件。

首先，蒙牛集团的旅游大环境好。蒙牛集团总部所在的呼和浩特市是一座具有400多年建城历史，具鲜明民族特点和众多名胜古迹的塞外名城，是祖国北疆的历史文化名城，同时也是内蒙古自治区最大的旅游集散地，作为内蒙古自治区的首府，是自治区政治、经济、文化活动的中心和对外开放的窗口，是我国陆上、空中通往蒙古国、俄罗斯及东欧诸国的重要桥梁，是国家45个公路主枢纽城市之一。交通便利，通达性强。呼和浩特市周边的城市经济相对发达，居民人均收入和可支配收入在内蒙古自治区的城市中处于中上水平，城市居民的出游率较高。为蒙牛集团工业旅游发展创造了良好的、可进入性强的、客源市场良好的自然、人文环境。

其次，蒙牛集团工业旅游得到了地方政府的大力支持。近年来，内蒙古自治区的旅游业发展迅猛，大力发展旅游产业已经成为各地政府的共识。为了发展本地旅游业，地方政府调动各种资源积极参与市场竞争。蒙牛集团工业旅游的推出立即得到了呼和浩特市政府和旅游主管部门的热烈响应和支持。呼和浩特市政府和市旅游局主要领导多次实地查看和调研，听取多方意见，把思路调整到最佳状态，同时，完善其他景区建设，规范旅游市场，给游客创造一个良好的旅游环境。政府将蒙牛集团工业旅游项目列为市重点旅游项目通过新闻媒体对外大力宣传。这些政策措施为蒙牛集团发展工业旅游创造了优越的外部市场环境。

## 五、蒙牛集团工业旅游的市场营销策略

蒙牛集团为了充分发挥其自身的资源优势，打响蒙牛工业旅游的品牌，开拓旅游市场，吸引更多的游客，在市场营销方面采取了以下策略措施：

1. 借助“中国乳都”效应，打响工业旅游产品品牌

市场的竞争和开拓在很大程度上依赖于产品品牌和知名度。2005年8月，呼和浩特市以“奶牛存栏、牛奶总产量、城市居民人均鲜奶占有量均居全国37个大中城市之首”的骄人业绩，当之无愧地荣获中国乳制品工业协会授予的“中国乳都”称号。蒙牛集团借此契机发展工业旅游，运用各种媒体进行旅游宣传，大大地提高了蒙牛工业旅游在周边地区的知名度，打响了产品品牌。

2. 明确市场营销重点，定位周边城市的单位或家庭组团市场

蒙牛集团工业旅游产品的市场定位相对明确，企业所在城市以及周边市、县的单位和家庭，其是蒙牛集团工业旅游产品的主体消费者，这是由于蒙牛集团工业旅游产品与人们的日常生活密切相关所决定的。另外，作为乳制品行业的知名品牌，每年都有一些政府官员和相关企业人员来蒙牛集团参观考察，这是蒙牛集团的传统工业旅游市场，虽然不大但是相对稳定。

3. 多渠道、多方式营销宣传蒙牛工业旅游

为了树立品牌、扩大影响，吸引更多的旅游者，蒙牛集团旅游部积极采取各种措施拓展营销渠道，主要措施：运用新闻媒体（主要是报纸、杂志、电视、广播等）进行全方位宣传推介，广告促销蒙牛工业旅游；充分发挥廉价、广泛、有效的互联网，扩大宣传空间。并与其他世界性的旅游网友情链接；充分利用产品优势，在旅游活动中，提供特色的服务方式，引导游客品尝酸奶、优酸乳等，增加对产品的认识。发挥强势企业文化的作用，精心策划广告语，重视并强化高水平、富文化内涵的解说语，针对不同的目标顾客群进行感染性、渗透性讲解；建立“领袖”顾客档案，如中央领导、来自各地的政府官员、旅游团团长、旅行社经理等，在同他们接触中，收集、记录相关信息，并与之保持沟通，建立信息反馈渠道，使“领袖”传播效应变为一种有效的促销方式；联合呼和浩特市及和林格尔县周边的自然、人文旅游区，实行捆绑销售。2004～2005 年，公司还举行盛大的“草原游”活动，让游客在领略草原风光的同时领略绿色蒙牛风采。

## 六、蒙牛集团工业旅游市场特征及存在的问题

其一，从游客结构来看，蒙牛集团工业旅游的主要客源是以城市白领阶层和家庭组团，占到总游客的60%～70%。但从呼和浩特、包头、鄂尔多斯三市的城市白领和个人家庭市场总规模来看，这一市场开发程度较低。而政府官员和相关企业人员来蒙牛集团的参观考察市场尽管不大，但是相对稳定。

其二，接待游客流量季节性明显。蒙牛集团工业旅游的旺季在每年的 5～10 月，“旅游黄金周”是游客最多的时间，其他月份则为旅游淡季，旅游季节性明显。一方面是因为针对蒙牛工业旅游的主要市场来看，每年的 5～10 月特别是两个“黄金周”是人们集中旅游的季节，因此呈现明显的季节性。另一方面是因为蒙牛集团工业旅游没有很好地开发学生市场，游客中很少有学校组织或自发去参观的学生。

其三，工业旅游的附加效益低。蒙牛集团工业旅游在旅游产品开发上意识不强、开发力量组织不力，基本没有辅助出售或赠送游客的特色旅游商品和带有企

业特点的旅游纪念品，缺乏如企业概况、图片、游览景点介绍等以作纪念和加深认识并能起到间接宣传作用的载体，使人参观完很容易忘记。工业旅游产品体系还待进一步完善。

其四，旅游产品内容不丰富，游客参与性差。蒙牛集团工业旅游项目单一，只以简单的参观为主，企业出于安全、卫生的考虑，游客被限定在旅游通道内，对企业的生产情况和厂区环境作“走马观花”式的参观，游客参与其中的要求得不到满足，亲和程度不高，没有体现出“游”味。企业内没有其他相关的文化、娱乐设施，旅游线路、内容不够丰富，游客停留时间短，甚至不到 1 小时。由于逗留时间短，消费自然就少，不利于工业旅游的发展。

## 第三节 内蒙古饭店

### 一、内蒙古饭店发展现状

内蒙古饭店是内蒙古自治区成立较早的老品牌酒店，始建于 1982 年，1985 年 5 月正式投入运营。内蒙古饭店的开张迎客，在当时的餐饮、旅游业产生了不小的轰动。但是，由于机制、管理等因素的制约，饭店业绩平平。但在饭店历任领导的不断追求和努力下，1990 年内蒙古饭店被国家旅游局评定为三星级酒店，开始进入稳步发展阶段。1999 年 5 月，内蒙古仕奇集团以净资产收购方式接收内蒙古饭店，开始对内蒙古饭店进行全面装修和改造，2002 年 5 月重新开业，2003 年 1 月，被国家旅游局评定为五星级旅游涉外饭店，结束了内蒙古地区没有五星级酒店的历史，也这标志着内蒙古饭店进入到了全新的历史发展阶段。

经过十几年的发展，内蒙古饭店荣获了多项荣誉及奖项，2005 年被内蒙古自治区饭店与餐饮行业协会评为“自治区绿色饭店”；2006 年 3 月被呼和浩特市政府授予“优秀旅游饭店”；2006 年 11 月荣获内蒙古自治区第八次党代会接待工作“鼎盛奖”；2007 年 3 月 6 日在内蒙古自治区旅游工作会议上，被内蒙古自治区旅游局评为 2006 年度内蒙古自治区“旅游系统先进集体”“最佳星级饭店”；2007 年被中国酒店星光奖评审委员会评为“中国十大最佳主题酒店”；2008 年 3 月 17 日在内蒙古自治区旅游工作会议上，被内蒙古自治区旅游局评为 2007 年度“内蒙古自治区最佳星级饭店”“内蒙古自治区旅游系统先进集体”；2008 年 7 月被世界草地与草原大会筹备委员会评为“2008 世界草地与草原大会文明诚信服务单位”；2010 年 5 月 10 日，获得中国旅游饭店业协会中国饭店业最高荣誉奖“中国饭店金星奖”；2012 年 4 月 26 日，被国家旅游局、人力资源和社会保障部评为“全国旅游系统先进集体”等。

## 二、内蒙古饭店的发展战略

### （一）坚持特色，实行差异化经营

在日益激烈的旅游市场竞争中，内蒙古饭店实施着差异化、特色化经营战略，从商务接待做起，从行政接待做起，从点点滴滴的小事做起，本着为宾客服务的理念，正在逐步地做大做强，形成特色鲜明的比较优势。

内蒙古饭店重新开业以来，通过传承并体现综合性草原文化，2005 年 11 月 28 日被授予“中国首家草原文化主题酒店荣誉称号”，是内蒙古饭店业草原文化与经济相交融的典范。内蒙古饭店以草原文化为主题背景，挖掘“草原文化”之内涵，传承“草原文明”，弘扬“草原文化”，不断满足客户的物质及精神需求。

内蒙古饭店拥有标准客房、商务客房、豪华套房、商务套房、总统套房等各类房型 346 间，700 余个床位。拥有中餐、西餐、伊斯兰风味餐、蒙古风味餐厅以及咖啡厅、酒吧、茶室等餐位 1700 多个，其中 700 平方米的瑶池雍盛宴会厅，可同时容纳 500 人就餐。精品商城、国际会议中心、多功能厅、室内高尔夫球馆、健身房、桑拿等一整套完善的康乐、娱乐设施，以及充足的车位和园林绿地，为客人提供着更为舒适、便捷的服务。楼宇自控用智能化管理系统、中央空调、消防完全设施、电梯、会议设施等均采用国际、国内最新、最先进的名牌产品；室内外装修均采用国际、国内精选的最佳设计，力求给客人营造最舒适、完全的消费环境。

内蒙古饭店精心设计装修的客房，高贵典雅的行政商务楼层，各具特色的主题餐厅，无处不体现饭店的艺术品位以及草原文化的精心构思。同声传译国际会议中心、音乐厅、游泳馆、健身中心、壁球、酒吧、卡拉 OK 歌舞厅、商场等服务设施齐全。热情的服务、高档完美的设施，无论是商务考察、会议度假，还是观光旅游，下榻到内蒙古饭店，都能让宾客感到舒适、惬意。同时，内蒙古饭店通过对顾客启动的“蓝哈达”服务，确定了饭店标准化体系的建设。

#### 1. 内蒙古饭店的“主题”文化定位

内蒙古自治区是北方多民族、多文化交流和碰撞的多元化区域。拥有丰富的历史性文化资源，如蒙元文化、红山文化、昭君文化及辽文化等。有着浓郁的民俗文化和民族风情，独特鲜明又带有区域特色民族文化的草原文化是建设内蒙古区域主题酒店良好的素材之选。国内外来内蒙古自治区旅游观光的游客，对传统又淳朴的草原文化表现出浓郁的兴趣与喜爱。

内蒙古饭店利用区域优势，综合性表现草原文化主题，因此，草原文化成为内蒙古饭店的重要标志和企业文化灵魂。

2. 内蒙古饭店的“主题”化建设

（1）内蒙古饭店通过外部环境及建筑载体表现出草原文化的主题，给顾客以视觉上的直接感受。具体表现在：内蒙古饭店结合现代与传统的设计理念，设计有蒙古族文化特色的建筑，酒店大门展现出蒙古包式的屋顶装饰形式，不仅体现出了酒店的主题，唤起建筑符号所代表的草原文化内涵，也体现出了对草原文化象形与意会的表达。在内蒙古饭店酒店主体后面还有 8 个具有浓郁民族特色的蒙古包餐饮包间。蒙古包是蒙古传统的居住形式，在蒙古包中享用精致美味的蒙餐可以给顾客带来别具风格的完美体验。

（2）内蒙古饭店内部的装饰装潢。大堂展现的是酒店的档次和风格，是酒店形象塑造的重点之一。顾客进出酒店的各个区域都必须要经过大堂。内蒙古饭店大堂装饰为蒙古包式，在历史建筑样式的基础上进行创新和改进，使酒店建设透露出浓郁的区域文化。内蒙古饭店的大堂既具有星级酒店的豪华，同时又通过蒙古族风格的艺术品摆设、成吉思汗登基大典雕像、金色的穹顶、内蒙古草原油画院作品展、草原岩画艺术、元明两代的代表性瓷器、酒店内负责礼仪接待服务者的蒙古族民族服饰等设计，处处体现出别具特色的草原文化主题。

内蒙古饭店的色彩与灯光设计很好地突出了区域文化主题，饭店内部和外部的装饰色彩体现出草原民族的色彩，重点使用了蒙古族最为喜爱的具有特定代表意义的黄色、蓝色、绿色、红色和白色。

餐厅的设计也极具草原文化风格，“成吉思汗金顶大帐”设计精美，象征着九重天的穹顶，祥光环绕；暗含成吉思汗统一蒙古草原各部、成立大蒙古国的年代的 1206 酒吧是内蒙古饭店的大堂吧，其环境时尚现代而又民族感强烈，每晚都有独特的蒙古音乐演出。瑶池雍盛宴厅是可满足各类需求的多功能厅；花语零点餐厅、伊斯兰清真餐厅也装饰得具有地域色彩。

内蒙古饭店客房的设计和装饰体现着蒙古族家庭的家居文化，具有民族特色的装修风格，布置温馨舒适，空间宽敞，设施现代豪华。

（3）内蒙古饭店的民俗文化。北方草原民族的服饰文化是极具代表性的。蒙古游牧民族的服装可以通过原材料和功能表现其浓郁的民族地区特征。各种华丽的佩饰和首饰是彰显民族特色及个人地位与财富的象征。内蒙古饭店除了通过服务人员民族服饰来传递民俗文化外，还将服饰、佩饰、头饰等各种素材运用到酒店的装饰中。

内蒙古饭店的餐饮文化以开发和生产草原特色、蒙古民族风味食品为特色，通过使用新技术、新材料，打造科学的营养结构和合理的饮食制度，丰富和创新蒙古族传统饮食文化的内容和内涵，发明了多样的蒙古美食品种，增加蒙餐菜系，进行大胆的蒙餐创新，推出具有特色的新蒙餐系列、水煮全羊、具有权威代表的烤全牛、蒙古独有的养生茶等，成为新蒙餐的标志性代表。

主题餐厅不仅满足消费者对餐饮的追求，提供色、香、味俱全的菜肴，而且结合民族地域特色的音乐作品，为顾客创造良好的就餐气氛，通过蒙古族歌舞渲染气氛，使得顾客既能品尝蒙古美食，又可以欣赏具有蒙古族风情的歌舞。2004年内蒙古饭店推出了极具草原文化特色的蒙古族婚礼和蒙古诈马宴文化产品。诈马宴是元代皇家御宴，是一个集中了餐饮、歌舞、娱乐等于一体的奢华隆重的宴会活动。烤全牛是诈马宴中最具代表性的菜肴，在餐饮活动中按蒙古族传统宴会中“宴酒歌礼”程式，利用民族音乐，对于不同的气氛、不同的内容、不同的对象而展现不同形式的舞蹈音乐，从而达到愉悦身心、陶冶性情、触及灵魂感受草原美景的效果。

内蒙古饭店通过成立餐饮文化研究所，在礼仪的产品设计和开发方面进行深入研究。其中包括全羊礼、蒙古族茶文化、蒙古族迎客礼等礼仪产品的开发，为顾客展示蒙古族餐饮的文化精髓。

### （二）励精图治，承接大型接待任务

内蒙古饭店的规模日益扩大，共有员工650人，其中少数民族员工占20%，设有总经理办公室、市场营销部、前厅部、财务部、餐饮部、客房部、人力资源部、保安部、工程部等多个行政部门。党委下设党群工作部和基层党支部5个，党小组20个，党员80多人；工会下设8个分会，会员有600多人；团委下设团支部5个，其中青年团员300多名。

内蒙古饭店成功接待了国内外高层领导、杰出企业家及大型商务会议，还接待了自治区双文明现场会、全国药交会、全国依法行政会议、工商、税务会议等重要会议，接待团队、散客11万人/间夜，会议1000多次，接待餐饮70万人和880次大型宴会。并根据不同客人的特点和要求，提供特色服务，让顾客足不出店，就能了解马背民族的风土人情和经济发展。

### （三）及时反馈，改进服务质量

内蒙古饭店有一整套完整的宾客满意度调查系统，首先，饭店通过电话征询、填写调查表、现场拜访等方式和渠道收集宾客满意度信息，获取客人对于饭店的感受和意见，之后对所收集的信息进行分析汇总，最后通过调整服务方式来提升整体服务水平。

## 三、内蒙古饭店资源和能力的形成

### （一）积极改革

内蒙古饭店通过不断追求探索，推陈出新而摸索出属于自己的发展之路。1999 年 5 月，饭店新一届的决策层通过反复论证，开始对饭店进行大刀阔斧的改革。先后聘请西安新世纪酒店管理公司和北京派雷斯酒店咨询管理公司的专家参与酒店管理，并通过对全国乃至全世界知名大酒店的参观访问，上门求教取经，最终制定出饭店的发展战略——打造中国一流的草原文化主题酒店，并提出打造传承草原文明的殿堂这一企业文化理念，使饭店的经营定位有了新的突破，企业发展有了新的目标和方向，并形成了自己的经营特色。

### （二）牢牢把握内蒙古特色文化

内蒙古饭店是典型的商务酒店，在做好各种商务接待工作的同时，还承担着内蒙古自治区的行政接待任务。为了同时做好商务接待和行政接待两项工作，饭店进行了积极有效的探索，最终将落脚点定位在文化上，从管理、软件建设等诸多方面，始终围绕着“文化”这一主题。酒店重张开业之初，管理层在酒店外观、内饰设计风格上下了一番功夫，选择了既有现代化酒店氛围，又能体现草原文化特点的装饰风格，成吉思汗巨型雕塑、金顶大帐、蒙古族饰品的点缀，构成了独具特色的现代化少数民族酒店风格。

### （三）积极投身于公益事业

内蒙古饭店注重参与各项公益事业，在参与的过程中还倡导广大职工以慈善之心量力而行地参与社会公益事业。2000 年，饭店投资 10 万元，在国家级贫困县和林格尔四犋夭村兴建了一所仕奇希望小学；2003 年，为武川县大豆铺乡捐助各类物资 34000 元；2004 年，为武川县大豆铺乡捐献桌椅、课桌等物资 50600 元。

### （四）建立完善的奖惩制度

在制度建设上，内蒙古饭店全面推行预算管理，建立了以经济效益为核心的酒店管理模式，实行经营指标和费用指标承包制，超额奖励，亏损处罚。这一严格制度，充分调动了企业管理人员和广大员工的积极性，每一个部门、每一个岗位都能做到众志成城、节能降耗。在这样的机制下，饭店实现了收入近 1 亿多元，上缴税金 500 万元，缴纳社会保险 180 万元，使企业走上良性发展轨道，取得了较好的社会效益和经济效益。

## 四、未来发展与启示

内蒙古饭店文脉之源在于草原，在草原中吸取营养。草原的无限宽广、牧歌的情深悠长、奶酒的味美醇香，是其取之不尽、用之不竭的文化宝藏。只有草原兴，才有牛羊壮、才有民富强、才有人气旺。因此，草原是百业发达之源，是牧民生存之根本。内蒙古饭店牢牢抓住草原的文脉，并把这一草原文化的密码深刻地融入饭店的视觉形象、产品形象、精神形象当中。重张开业以来，所有入住饭店的宾客在饭店所领略、感受的既不是草原生活环境的延伸，更不是牧民生活图景的拼结，而是对草原气韵、牧人精神特质的重新开掘和提炼。如何既保持文化特色，又为顾客提供现代化的服务，是内蒙古饭店未来发展中所要解决的问题。

# 参考文献


［1］国务院第二次全国经济普查领导小组办公室．中国旅游业发展研究报告［M］．北京：中国统计出版社，2011.

［2］胡静，谢双玉．2014 中国旅游业发展报告［M］．北京：中国旅游出版社，2014.

［3］内蒙古自治区旅游局．内蒙古自治区旅游企业名录［Z］．呼和浩特：内蒙古自治区旅游局，2015.

［4］内蒙古自治区旅游局．内蒙古旅游统计便览［Z］．呼和浩特：内蒙古自治区旅游局，2015.

［5］中华人民共和国国家旅游局．中国旅游统计年鉴（2013～2015）［M］．北京：中国旅游出版社，2013～2015.

［6］王玉海．内蒙古旅游业发展的历史考察与现状思考［J］．内蒙古大学学报（哲学社会科学版），2009，41（1）：120－125.

［7］张琪．浅析内蒙古地区旅游业的发展［J］．内蒙古科技与经济，2016，347（1）：21，30.

［8］李惠峰．内蒙古旅游业发展状况及发展对策研究［J］．前沿，2015，383（9）：58－61.

［9］乌日娜．内蒙古旅游业发展分析与对策研究［D］．中央民族大学硕士学位论文，2006.

［10］蓬勃发展的内蒙古旅游业［N］．中国旅游报，2015－07－16（C3）．

［11］崔言超．内蒙古旅游业发展路径思考［N］．中国旅游报，2014－08－13（011）．

［12］单浩杰．旅游业发展对内蒙古经济增长的影响研究［D］．内蒙古大学博士学位论文，2011.

［13］王亚峰，王汉祥，刘野．内蒙古旅行社扩张模式探析［J］．内蒙古大学学报（哲学社会科学版），2015，47（3）：69－77.

[14] 郭秀春．内蒙古工业旅游发展研究——以蒙牛乳业工业旅游为例 [D]. 内蒙古师范大学博士学位论文，2006.

[15] 王萨如拉．论旅游视角下的草原文化主题酒店——以内蒙古饭店为例 [D]. 内蒙古师范大学硕士学位论文，2014.

[16] 王珊，吕君．内蒙古旅游产业转型升级初探 [J]. 经济论坛，2012 (11)：50－52.

[17] 王珊．内蒙古民俗文化旅游商品化对策研究 [J]. 经济论坛，2011 (7)：75－76.

[18] 闫义．内蒙古旅游业发展探析 [D]. 中国政法大学硕士学位论文，2008.

[19] 李太光．上海旅游业转型升级的战略机遇与路径选择 [D]. 上海师范大学硕士学位论文，2009.

[20] 余世忠．四川古镇旅游转型升级发展研究——以黄龙溪古镇为例 [D]. 四川师范大学硕士学位论文，2014.

[21] 史靖．甘肃省旅游业转型升级战略研究——基于产业、城市、市场的视角分析 [D]. 西北师范大学硕士学位论文，2013.

[22] 吴勇．崇礼旅游产业发展模式的转型研究 [D]. 天津大学硕士学位论文，2008.

[23] 张睿．基于产业转移的安徽省旅游业转型升级研究 [D]. 安徽大学硕士学位论文，2011.

[24] 麻广波．内蒙古旅游业现状及发展对策研究 [D]. 内蒙古大学硕士学位论文，2012.

[25] 陈凌凌．新型城镇化背景下河南乡村旅游的转型升级研究 [D]. 河南大学硕士学位论文，2014.

[26] 贾君钰．转变经济发展方式背景下民族村寨旅游转型升级研究 [D]. 中南民族大学硕士学位论文，2014.

[27] 吕君，刘丽梅，王珊，李文龙．西部民族地区旅游业可持续发展研究 [M]. 北京：经济科学出版社，2015.

[28] 黄基秉，刘婕．城市旅游产业升级理论与实证研究 [J]. 成都大学学报（哲学自然科学版），2007，26 (3)：240－242.

[29] 车玲．促进中国旅游业升级转型 [J]. 发展研究，2008，4：82－83.

[30] 王志发．当前旅游产业发展的战略思考 [J]. 旅游学刊，2007，26 (4)：10－14.

[31] 许韶立．关于拉长我国旅游产业链的几点思考 [J]. 中州学刊，2005，

147 (4): 38 -42.

[32] 宋子千，宋志伟. 关于旅行社面向商务旅游转型的思考 [J]. 商业经济与管理，2008，199 (5): 75 -79.

[33] 樊黎明. 关于推进我国旅游产业发展的几点思考 [J]. 理论导刊，2008，5: 77 -78.

[34] 戴斌. 国有饭店产业重组的价值取向与经典模式 [J]. 北京第二外国语学院学报，2006，131 (1): 67 -74.

[35] 陈镇，谢朝武. WTO 与我国旅行社业的格局转型分析 [J]. 商业研究，2003，261 (1): 142 -144.

[36] 张春娥. 旅游产业运行方式转型下的产业链运行主体研究 [J]. 科协论坛，2008，4: 133 -134.

[37] 郑胜华. 旅游产业整合的概念、原理和方法 [J]. 企业经济，2003，7: 62 -63.

[38] 李黎. 旅游产业政策与企业经营模式转换对策研究评析 [J]. 当代经理人，2006，6: 10.

[39] 王平. 论发展非观光旅游与旅游产业升级——以杭州为例 [J]. 中共杭州市委党校学报，2002，1: 28 -33.

[40] 杜江. 论中国旅游产业功能与产业政策的转变 [J]. 北京第二外国语学院学报，2005，129 (5): 1 -5.

[41] 李光太，张文建. 新时期上海推动旅游业转型升级的若干思考[J]. 北京第二外国语学院学报，2009，167 (3): 44 -49.

[42] 谢春山，孟文，李琳琳，朱易兰. 旅游产业转型升级的理论研究[J]. 辽宁师范大学学报 (哲学社会科学版)，2010，33 (1): 37 -40.

[43] 李海林. 西双版纳州旅游产业转型发展研究 [D]. 云南大学硕士学位论文，2014.

[44] 吴建兴. 移动互联网背景下上海旅游服务转型升级研究 [D]. 上海交通大学硕士学位论文，2011.

[45] 吴儒练. 浙江旅行社业转型升级研究 [D]. 浙江工商大学硕士学位论文，2010.

[46] 李文宁，康丽丽. 加快推进我国旅游产业转型升级 [N]. 光明日报，2014.

[47] 王建勋. 旅游业发展的财政政策研究 [D]. 东北财经大学硕士学位论文，2011.

[48] 蓬勃发展的内蒙古旅游业 [N]. 中国旅游报，2015.

［49］杨圣学．亮丽内蒙古在昆明举办旅游推介会［EB/OL］．http：//roll.sohu.com/20151125/n427987800.shtml，2015.

［50］郭香玉．中俄蒙三国旅游推介会举行［EB/OL］．http：//www.swcf.cn/ly/2015－11/24/content_ 86820.htm，2015.

［51］刘俊清，李岩松．提升内蒙古旅游竞争力的战略思考[J].前沿，2007，7：62－64.

［52］牛倩．乌海市城市转型中的旅游业发展对策研究［D］．内蒙古师范大学硕士学位论文，2013.

［53］赵杰．内蒙古借“万里茶道”深度整合国际旅游资源［N］．中国经济时报，2016.

［54］付向阳．论内蒙古旅游业发展中的政府主导作用[J].现代经济信息，2013，4：224.

［55］刘素梅．关于内蒙古旅游业发展得现状及对策研究[J].北方经济，2010，4：73－74.

［56］张丽娟．发展旅游产业助推内蒙古经济[J].经济论坛，2010，477（5）：146－148.

［57］做大做强旅游业为打造祖国北疆亮丽风景线添砖加瓦——内蒙古自治区旅游局［N］．内蒙古公报，2016.

［58］叶俊伟．泉州旅游资源整合的政府行为分析[J].桂林航天工业高等专科学校学报，2011，61（1）：27－30.

［59］马晓军．基于转型视角的内蒙古旅游业探微[J].特区经济，2015，11：145－147.

［60］齐航．内蒙古旅游深圳推荐会举行［EB/OL］．http：//m.northnews.cn/article/315878，2015.

［61］叶俊伟．泉州市旅游资源整合中的政府行为研究［D］．华侨大学硕士学位论文，2011.

［62］杨苏文．“十三五”开启内蒙古旅游改革创新进行时［N］．中国旅游报，2016.

［63］刘祝．内蒙古民俗旅游资源开发探讨[J].经济论坛，2012，509（12）：26－28.

［64］梅雪．论沈本一体化中的旅游产业结构升级［A］．科学发展与社会责任（B卷）——第五届沈阳科学学术年会文集［C］．2008.

［65］赵健，许南垣．基于可持续发展理念的旅游发展战略研究——以腾冲旅游改革试点为例[J].云南财经大学学报（哲学社会科学版），2010，25（2）：

70 - 71.

[66] 吴文学 . 落实科学发展观提升景区核心竞争力 [N] . 中国旅游报，2008.

[67] 河北省环京津休闲旅游产业带规划 2008 - 2020 [EB/OL] . http：//www. docin. com/p - 408918201. html.

[68] 何凤英 . 2008：中国奥运旅游年——访国家旅游局局长邵琪伟[J]. 魅力中国，2008，6：33 - 35.

[69] 欧阳斌 . 湖南旅游业发展的现状与战略选择 [EB/OL] . http：//blog. sina. com. cn/s/blog_ afda147301015g67. html，2008.

[70] 郭二艳 . 河南旅游产业转型升级的战略机遇及路径选择[J]. 中国商贸，2014，31：181 - 182.

[71] 黄筱娜 . 促进旅游产业转型升级与创新发展 [N] . 广西日报，2010.

[72] 杨主泉 . 西部民族地区旅游产业转型升级与创新发展[J]. 北方经贸，2011，11：112 - 114.

[73] 陈建东 . 株洲市打造知名旅游目的地的对策研究[J]. 经济研究导报，2012，147 (1)：168 - 169.

[74] 关于推进旅游业转型升级加快建设旅游经济强省的若干意见 [EB/OL] . http：//lyj. nbjiangbei. gov. cn/art/2010/1/20/art _ 4612 _ 117160. html，2011.

[75] 湖北省旅游业发展“十二五”规划纲要 [EB/OL] . http：//www. 360doc. com/content/11/0424/23/5321113_ 112081101. shtml，2011.

[76] 赵洪祝书记在浙江省旅游产业发展大会上的讲话 [EB/OL] . http：//www. wzta. gov. cn/shownews. aspx? id = 4838，2011.

[77] 赵洪祝 . 推进旅游业转型升级加快建设旅游经济强省 [N] . 中国旅游报，2009.

[78] 湖北省旅游业发展十二五规划纲要(征求意见稿) [EB/OL] . http：//wenku. baidu. com/view/aae168daa58da0116c1749ca. html，2012.

[79] 王学峰 . 内蒙古自治区建设旅游产业集聚区的战略思考[J]. 商业经济，2011，365 (1)：31 - 33.

[80] 安庆市旅游局局长刘中汉话旅游 [EB/OL] . http：//ah. sina. com. cn/travel/interview/2012 - 12 - 24/101328636. html，2012.

[81] 云南省旅游产业发展和改革规划纲要 [EB/OL] . http：//www. davost. com/intelligence/theory/2009/05/05/1028015751. html，2010.

[82] 新疆旅游十二五规划 [EB/OL] . http：//wenku. baidu. com/view/

1c77350cf12d2af90242e689. html，2012.

［83］内蒙古自治区人民政府贯彻落实国务院关于加快发展旅游业意见精神的实施意见［EB/OL］. http：//wenku. baidu. com/view/5490a219650e52ea551898d2. html，2012.

［84］张秀华. 阿尔山市旅游业发展中的政府职能研究［D］. 内蒙古大学硕士学位论文，2013.

［85］向元钧，杨明鹏，赵磊. 四川旅游产业转型升级研究——以成都为例［J］. 决策咨询，2016，31（1）：53－55，60.

［86］赵洪祝. 以创新精神加快建设旅游经济强省［J］. 今日浙江，2009，10：8－9.

［87］呈现北疆风情创新基地建设［N］. 中国旅游报，2014.

［88］李婧婧. 建设旅游观光休闲度假基地提升内蒙古旅游产业竞争力［J］. 北方经济，2013，8：18－20.

［89］杨建武，林卫兴. 浙江要率先建成旅游经济强省——访浙江省旅游局局长赵金勇［J］. 今日浙江，2009，10：10－12.

［90］谭善梅. 加快推进桂林国家旅游综合改革试验区建设的思考［J］. 中共桂林市委党校学报，2011，11（1）：6－10.

［91］罗波，乌铁红. 关于内蒙古智慧旅游发展实践的思考［J］. 北方经济，2011，4：6－10.

［92］刘明财，代秀波，张铭驿，栾艳欣. 提质长白山旅游品牌的思考［J］. 经济视角，2011，2：32－34.

［93］潘冬南. 广西旅游产业转型升级中的政府职能研究［J］. 广西大学学报（哲学社会科学版），2013，35（1）：92－96.

［94］邵琪伟. 在 2008 年全国旅游工作会议上的讲话［N］. 中国旅游报，2008.